UNE JOURNÉE SANS VIANDE *pour tous!*

UNE JOURNÉE SANS VIANDE *pour tous!*

Pierre Vican

Conception de la couverture : Kim Lavoie
Révision : Solange Lemaître-Provost
Mise en pages : Geneviève Laforest
Correction d'épreuves : Catherine Vaudry
Photos (intérieur et couverture) : Shutterstock

Imprimé au Canada

ISBN : 978-2-89642-524-2

Dépôt légal – Bibliothèque et Archives nationales du Québec, 2012

Les Éditions Caractère remercient le gouvernement du Québec – Programme de crédit d'impôt pour l'édition de livres – Gestion SODEC

Les Éditions Caractère reconnaissent l'aide financière du gouvernement du Canada par l'entremise du Fonds du livre du Canada pour leurs activités d'édition.

Visitez le site des Éditions Caractère

editionscaractere.com

Table des matières

Légende

100 % végétalien

Accompagnement

Fromage

Grain

Légumineuse

Noix

Œuf

Pain

Pâtes

Poisson et crustacés

Riz

Soupe

Soya

Pâtes

pour **5** personnes

Spaghettis à l'ail

Ingrédients

500 g de **spaghettis** biologiques semi-complets ou complets

5 gousses d'**ail**

1 **piment rouge**

100 ml (⅓ tasse + 1 c. à soupe) d'**huile d'olive** extra vierge

30 ml (2 c. à soupe) de **persil** frais haché

250 ml (1 tasse) de **menthe** fraîche pilée

Sel, poivre

1 **citron**

Méthode

1. Cuire les spaghettis dans de l'eau bouillante salée selon les indications du fabricant.
2. Éplucher l'ail puis le hacher avec le piment rouge. Les faire dorer dans une poêle nappée d'un peu d'huile.
3. Dès que les spaghettis sont *al dente*, les égoutter et les verser dans une casserole.
4. Y incorporer l'ail et le piment rissolés, le poivre, l'huile restante, le persil et la menthe pilée. Réchauffer 2 minutes à feu doux sans cesser de remuer.
5. Assaisonner avec du jus de citron.

pour 2 personnes

Salade de pâtes à l'orientale

Ingrédients

Salade

350 g de **pâtes fraîches larges** (aux épinards pour une salade plus colorée)

15 ml (1 c. à soupe) d'**huile d'olive** extra vierge

300 ml (1 ¼ tasse) de **champignons** tranchés

3 **oignons**

50 ml (3 c. à soupe) de **basilic** frais haché.

Vinaigrette

25 ml (5 c. à thé) d'**huile d'olive** extra vierge

25 ml (5 c. à thé) de **sauce soya**

20 ml (4 c. à thé) de **beurre d'arachide**

Quelques gouttes de **sauce pimentée** (sauce Tabasco)

Méthode

Préparation de la vinaigrette

1. Dans un petit bol, mélanger l'huile d'olive, la sauce soya, le beurre d'arachide et la sauce pimentée.

Préparation de la salade

1. Cuire les pâtes dans de l'eau bouillante salée selon les indications du fabricant jusqu'à ce qu'elles soient *al dente*. Bien les égoutter dans une passoire et les rincer à l'eau froide.
2. Les déposer dans un saladier. Ajouter l'huile d'olive et remuer.
3. Couper les champignons en petits dés.
4. Éplucher et émincer les oignons. Les faire revenir dans une poêle nappée d'un peu d'huile.
5. Hacher finement le basilic.
6. Verser la vinaigrette sur les pâtes et remuer pour bien couvrir.
7. Ajouter les oignons dorés, les champignons et le basilic.

pour **2** personnes

Spaghettis à la tomate fraîche

Ingrédients

6 petites **tomates** fraîches

1 **oignon**

45 ml (3 c. à soupe) d'**huile d'olive** extra vierge

1 bouquet de **persil**

22 ml (1 ½ c. à soupe) de **pâte d'olives** ou de **tapenade**

300 g de **spaghettis** biologiques semi-complets

250 ml (1 tasse) de **parmesan** râpé

1 **citron**

Sel, **poivre**

Méthode

1. Couper les tomates en rondelles fines après en avoir retiré le cœur.
2. Éplucher l'oignon et le hacher.
3. Faire rissoler l'oignon et les tomates dans de l'huile d'olive dans une grande poêle. Saler.
4. Hacher finement le persil.
5. Ajouter le persil et la pâte d'olives dans la poêle.
6. Faire cuire les spaghettis dans de l'eau bouillante salée selon les indications du fabricant jusqu'à ce qu'ils soient *al dente*, les égoutter et les verser dans la poêle avec l'assaisonnement que l'on vient d'obtenir.
7. Verser dessus un peu d'huile d'olive extra vierge et le parmesan râpé. Réchauffer très légèrement.
8. Assaisonner avec du jus de citron.

pour **chaque** personne

Pâtes aux olives noires

Ingrédients

4 **tomates** fraîches (si possible italiennes comme les tomates San Marzano ou Romanello)

1 **oignon**

45 ml (3 c. à soupe) d'**huile d'olive** extra vierge

22 ml (1 ½ c. à soupe) de **pâte d'olives noires** ou de **tapenade**

100 g de **pâtes** biologiques semi-complètes

250 ml (1 tasse) de **parmesan** râpé

Méthode

1. Jeter les tomates dans de l'eau bouillante 1 ou 2 minutes, les passer sous l'eau froide et les éplucher. Les découper en rondelles.
2. Éplucher et découper l'oignon en lanières fines.
3. Faire rissoler l'oignon dans l'huile d'olive, ajouter les tomates pelées. Saler. Cuire ainsi dans la poêle pendant 15 à 20 minutes.
4. Ajouter la pâte d'olives noires et laisser cuire quelques minutes de plus.
5. Cuire les pâtes dans de l'eau bouillante salée selon les indications du fabricant jusqu'à ce qu'elles soient *al dente*, les égoutter.
6. Assaisonner les pâtes cuites avec la sauce obtenue précédemment, ajouter un filet d'huile d'olive vierge, finir par le parmesan râpé.

pour **5** personnes

Fettucine aux haricots verts

Voir photo à la page 81

Ingrédients

3 **pommes de terre**

125 ml (½ tasse) de **haricots verts** tendres

500 g de **fettucine** semi-complets

30 ml (2 c. à soupe) d'**huile d'olive** extra vierge

1 pot de **pesto**

250 ml (1 tasse) de **parmesan** râpé

Méthode

1. Éplucher les pommes de terre et les couper en morceaux.
2. Les verser avec les haricots dans une casserole d'eau bouillante salée.
3. Ajouter les fettucine 10 minutes avant la fin de la cuisson des pommes de terre.
4. Réserver la quantité d'une louche de l'eau de cuisson.
5. Égoutter les pâtes et les légumes dans une passoire et les placer dans un plat, arroser d'un peu d'huile d'olive.
6. Ajouter le pesto dilué avec l'eau de cuisson.
7. Finir par ajouter le parmesan râpé.

pour **2** personnes

Spaghettis aux arachides

Ingrédients

1 gousse d'**ail**

125 ml (½ tasse) de **beurre d'arachide crémeux**

75 ml (5 c. à soupe) d'**eau**

25 ml (5 c. à thé) de **sauce soya**

15 ml (1 c. à soupe) de **mélasse**

25 ml (5 c. à thé) de **gingembre** frais râpé

2 ml (½ c. à thé) de **sauce épicée**

350 g de **spaghettis au sarrasin**

2 **oignons**

15 ml (1 c. à soupe) d'**arachides** hachées

1 **citron**

Méthode

1. Éplucher, émincer et broyer l'ail.
2. Dans un bol, battre le beurre d'arachide, l'eau, la sauce soya, la mélasse, le gingembre, l'ail et la sauce épicée, jusqu'à obtenir une sauce onctueuse.
3. Cuire les pâtes dans de l'eau bouillante salée selon les indications du fabricant.
4. Les égoutter et les laisser refroidir dans une passoire.
5. Éplucher, émincer et broyer les oignons.
6. Passer les arachides au mélangeur.
7. Dans un saladier, verser les spaghettis et la sauce aux arachides épicée en remuant jusqu'à ce que tout soit bien mélangé.
8. Garnir d'oignons et d'arachides.
9. Assaisonner d'un peu de jus de citron.

Spaghettis aux épinards

Ingrédients

125 ml (½ tasse) de **tomates séchées**

4 L (16 tasses) de **bébés épinards**

60 ml (¼ tasse) de **pignons de pin**

15 ml (1 c. à soupe) d'**origan** frais haché

500 g de **spaghettis**

3 **oignons verts**

45 ml (3 c. à soupe) de **sauce pimentée** (sauce Tabasco)

Méthode

1. Couper les tomates séchées en lanières.
2. Équeuter et hacher les bébés épinards.
3. Dans une poêle nappée d'un peu d'huile, faire légèrement griller les pignons de pin.
4. Hacher finement l'origan.
5. Cuire les pâtes dans de l'eau bouillante salée selon les indications du fabricant.
6. Les égoutter et les laisser refroidir. Transférer dans un saladier.
7. Hacher finement les oignons verts. Les mettre dans le saladier avec les lanières de tomates, les épinards, les pignons et l'origan.
8. Verser la sauce pimentée sur la salade. Bien mélanger.

pour 4 personnes

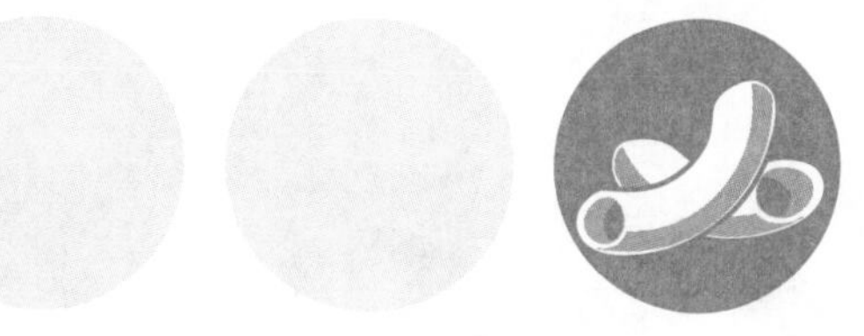

Spaghettis aux coquilles Saint-Jacques

Voir photo à la page 82

Ingrédients

400 g de **spaghettis**

200-300 g de **gambas**

200 g de **crevettes**

150 g de **coquilles Saint-Jacques**

60 ml (¼ tasse) d'**huile d'olive** extra vierge

Sauce

2 gousses d'**ail**

1 petit bouquet de **persil plat** haché

1 **citron**

75 ml (5 c. à soupe) de **crème fraîche** liquide

Sel, poivre

Méthode

1. Faire dorer dans une poêle les gambas et les coquilles Saint-Jacques pendant 5 à 7 minutes.
2. Décortiquer les crevettes, retirer les têtes. Faire cuire les crevettes dans de l'eau bouillante jusqu'à ce qu'elles deviennent roses. Réserver les fruits de mer.
3. Cuire les spaghettis dans de l'eau bouillante salée selon les indications du fabricant. Les égoutter et les réserver au chaud.

Préparation de la sauce

1. Éplucher, émincer et broyer l'ail dans un bol.
2. Détailler le persil.
3. Déglacer la poêle avec du jus de citron.
4. Verser la crème, ajouter l'ail et la moitié du persil, faire réduire 3 à 4 minutes. Saler et poivrer.
5. Verser la sauce sur les spaghettis.
6. Ajouter les fruits de mer, décorer du reste de persil.

pour **4** personnes

Spaghettis alla puttanesca

Voir photo à la page 83

Ingrédients

400 g de **spaghettis**

250 ml (1 tasse) de **parmesan** râpé

Sauce

1 gousse d'**ail**

45 ml (3 c. à soupe) d'**huile d'olive** extra vierge

1 grosse conserve de **tomates** concassées

1 **piment**

60 ml (¼ tasse) d'**olives vertes**

60 ml (¼ tasse) de **câpres**

1 grosse conserve de **thon** dans l'eau

Méthode

1. Cuire les spaghettis dans de l'eau bouillante salée selon les indications du fabricant jusqu'à ce qu'ils soient *al dente*.
2. Les verser dans un plat de service, saupoudrer de parmesan.

Préparation de la sauce

1. Éplucher et émincer l'ail.
2. Le faire blondir dans une poêle nappée d'huile, ajouter les tomates et le piment, laisser mijoter 10 minutes.
3. Dénoyauter les olives, les couper en petits dés, les mélanger avec les câpres et le thon. Ajouter le tout dans la sauce aux tomates.
4. Laisser cuire à feu doux 15 minutes en remuant.
5. Mélanger la sauce avec les spaghettis dans le plat de service.

pour **4** personnes

Spaghettis aux cèpes

Voir photo à la page 84

Ingrédients

400 g de **spaghettis**

100 g de **parmesan** râpé

Sauce

1 **oignon**

2 gousses d'**ail**

1,25 L (5 tasses) de **cèpes**

45 ml (3 c. à soupe) d'**huile d'olive** extra vierge

4 L (16 tasses) de **bébés épinards**

1 pincée de **muscade**

Sel, poivre

100 ml (⅓ tasse + 1 c. à soupe) de **crème fraîche**

Méthode

1. Cuire les spaghettis dans de l'eau bouillante salée selon les indications du fabricant jusqu'à ce qu'ils soient *al dente*.
2. Égoutter les spaghettis, les verser dans la sauce et mélanger. Servir et saupoudrer du reste de parmesan.

Préparation de la sauce

1. Éplucher et hacher l'ail et l'oignon.
2. Émincer délicatement les cèpes.
3. Dans une poêle nappée d'huile, faire fondre l'oignon et l'ail.
4. Ajouter les cèpes, les faire suer en mélangeant le tout.
5. Ôter les queues des épinards, puis les faire fondre quelques instants à feu moyen dans une casserole sans les égoutter.
6. Les laisser refroidir dans une passoire puis les hacher grossièrement. Les ajouter aux cèpes.
7. Assaisonner de sel, de poivre et de muscade.
8. Ajouter la crème fraîche et faire chauffer quelques instants.
9. Retirer la poêle du feu et y ajouter la moitié du parmesan râpé.

pour **2** personnes

Aiglefin en lasagne

Voir photo à la page 85

Ingrédients

4 feuilles de **lasagnes** précuites

150-200 g de filets d'**aiglefin**

500 ml (2 tasses) d'**eau**

500 ml (2 tasses) de **lait**

500 ml (2 tasses) de **julienne de légumes**

60 ml (¼ tasse) d'**huile d'olive** extra vierge

30 ml (2 c. à soupe) de **basilic** frais

30 à 60 ml (2 à 4 c. à soupe) de **parmesan** râpé

1 **citron**

Méthode

1. Préchauffer le four à 400 °F (200 °C).
2. Cuire les lasagnes avec les filets d'aiglefin dans une casserole remplie du lait et de l'eau pendant 2 minutes.
3. Sortir le poisson, l'égoutter, laisser cuire les pâtes 3 autres minutes.
4. Saisir et faire dorer la julienne de légumes à la poêle dans de l'huile chaude.
5. Sortir les lasagnes et couper chaque feuille en deux.
6. Disposer dans chaque assiette ½ feuille de lasagne.
7. Verser par-dessus des légumes cuits.
8. Râper le poisson par-dessus, ajouter du basilic haché et mouiller avec ½ c. à soupe d'huile d'olive.
9. Recouvrir le tout d'une autre demi-feuille de lasagne, répandre un peu de légumes et mouiller encore d'un filet d'huile.
10. Enfourner chaque assiette sous le gril quelques instants.
11. Sortir du four chaque assiette, poivrer, saupoudrer de parmesan et de jus de citron.

pour **4** personnes

Tagliatelles au pesto

Ingrédients

500-600 g de **tagliatelles**

2 noisettes de **beurre**

15 ml (1 c. à soupe) de **parmesan** râpé

15 ml (1 c. à soupe) de **pignons de pin** grillés

Sauce

1 grosse gousse d'**ail**

4 **noix de Grenoble**

15 ml (1 c. à soupe) d'**huile d'olive** extra vierge

250 ml (1 tasse) de **basilic** frais

15 ml (1 c. à soupe) de **persil** frais

Méthode

1. Cuire les pâtes dans de l'eau bouillante salée selon les indications du fabricant jusqu'à ce qu'elles soient *al dente*, les égoutter, jeter l'eau de cuisson.
2. Reverser les pâtes dans la casserole maintenue à feu très doux.
3. Ajouter quelques cuillerées à thé de la sauce au pesto, du beurre et du parmesan râpé.
4. Décorer les assiettes de pâtes de pignons de pin grillés et servir aussitôt.

Préparation de la sauce

1. Éplucher et émincer l'ail, décortiquer les noix, en retirer les cerneaux, les broyer grossièrement.
2. Mélanger et passer au mélangeur ces ingrédients, avec l'huile d'olive, le basilic et le persil de manière à obtenir une sauce lisse et homogène.

pour **4** personnes

Fettucine aux courgettes

Voir photo à la page 86

Ingrédients

500 g de **fettucine**

75 à 90 ml (5 à 6 c. à soupe) de **parmesan** râpé

Sauce

1,5 L (6 tasses) de **courgettes**

125 ml (½ tasse) d'**oignon**

60 ml (¼ tasse) de **beurre**

250 ml (1 tasse) de **crème 35 %**

1 pincée de **safran**

Sel, **poivre**

Méthode

1. Cuire les pâtes dans de l'eau bouillante salée selon les indications du fabricant jusqu'à ce qu'elles soient *al dente*.
2. Les égoutter et les mélanger à la sauce, ajouter le fromage râpé ou en copeaux.

Préparation de la sauce

1. Couper les courgettes en petits bâtonnets après les avoir épépinées.
2. Éplucher et hacher finement l'oignon, le faire revenir à la poêle dans du beurre jusqu'à ce qu'il soit doré.
3. Augmenter le feu et ajouter les morceaux de courgettes. Laisser cuire jusqu'à ce qu'elles soient tendres et colorées, saler, poivrer.
4. Ajouter la crème 35 %, saupoudrer de safran.
5. Poursuivre la cuisson en remuant de temps en temps, jusqu'à ce que la crème réduise de moitié. Réserver.

pour **4** personnes

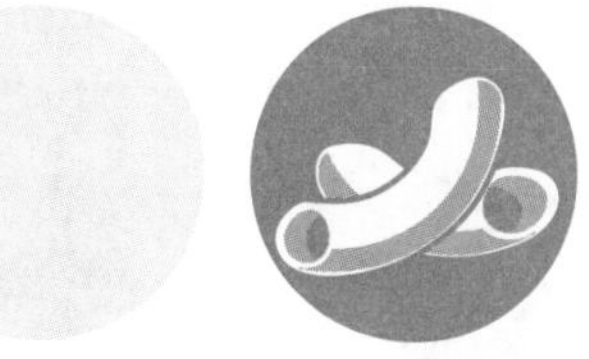

Tagliatelles au saumon fumé

Voir photo à la page 87

Ingrédients

250-300 g de **saumon fumé**

450 g de **tagliatelles**

Sauce

Herbes aromatiques fraîches au choix: aneth, cerfeuil, ciboulette, estragon, persil...

300 ml (1 ¼ tasse) de **crème 15 %**

Poivre

Méthode

1. Découper le saumon en fines tranches. Réserver.
2. Cuire les pâtes dans de l'eau bouillante salée selon les indications du fabricant jusqu'à ce qu'elles soient *al dente*.
3. Retirer les pâtes de l'eau, les égoutter dans une passoire. Garder l'eau de cuisson des pâtes.
4. Mettre les lanières de saumon à chauffer quelques instants dans l'eau de cuisson des pâtes, sans les faire cuire.
5. Déposer les tranches de saumon sur les pâtes disposées dans les assiettes, napper de sauce.

Préparation de la sauce

1. Hacher finement les herbes sélectionnées.
2. Chauffer délicatement la crème dans une poêle, mélanger avec les herbes, poivrer.

Note : Il est aussi possible de faire fondre du beurre à feu doux dans une poêle et d'y faire saisir le saumon avec de la crème, en laissant frémir 3 minutes à feu moyen.

pour 4 personnes

Tagliatelles au fromage de chèvre

Ingrédients

2 gousses d'**ail**

750 ml (3 tasses) de **champignons de Paris**

30 ml (2 c. à soupe) de **beurre**

500 g de **tagliatelles**

4 tranches de **saumon fumé**

Sauce

150 g de **fromage de chèvre** sec

300 ml (1 ¼ tasse) de **crème**

5 ml (1 c. à thé) de **basilic** frais

Méthode

1. Éplucher et hacher finement l'ail.
2. Trancher les champignons, en retirer les pieds, détailler en lanières.
3. Cuire 10 minutes les champignons à la poêle dans du beurre, ajouter l'ail à la fin de la cuisson. Réserver au chaud.
4. Cuire les pâtes dans de l'eau bouillante salée selon les indications du fabricant jusqu'à ce qu'elles soient *al dente.*
5. Égoutter les pâtes, les remettre dans la casserole, y ajouter les champignons cuits et la sauce au fromage, bien mélanger.
6. Déposer les tranches de saumon sur les pâtes disposées dans les assiettes et napper de sauce.

Préparation de la sauce

1. Morceler le fromage de chèvre.
2. Détailler le basilic.
3. Verser la crème liquide dans une casserole, ajouter le chèvre, mettre sur feu doux.
4. Bien poivrer, saupoudrer de basilic. Faire fondre le fromage en remuant.

Note : Un fromage de chèvre est dit sec lorsque son affinage s'est échelonné sur 3 à 4 semaines.

pour **4** personnes

Tagliatelles aux pétoncles

Voir photo à la page 88

Ingrédients

400 g de **pétoncles** surgelés

500 g de **tagliatelles** fraîches

15 ml (1 c. à soupe) de **sel**

10-20 ml (environ 1 c. à soupe) de **graines de fenouil**

100 ml (⅓ tasse + 1 c. à soupe) de **beurre d'escargot** ou de **beurre à l'ail** surgelé

Poivre

Méthode

1. Faire décongeler les pétoncles, les rincer, les plonger dans de l'eau bouillante 1 minute, les égoutter dans une passoire.
2. Cuire les pâtes fraîches selon les indications du fabricant jusqu'à ce qu'elles soient *al dente* dans de l'eau portée à ébullition, additionnée d'une cuillerée à soupe de sel et des graines de fenouil.
3. Égoutter les pâtes, les verser dans un récipient chaud, ajouter les pétoncles et le beurre d'escargot surgelé.
4. Mettre sur feu doux, mélanger, assaisonner et rectifier au goût.
5. Servir lorsque le beurre d'escargot est fondu.

pour **4** personnes

Tagliatelles aux langoustines

Ingrédients

300-400 g de **queues de langoustines**

500 g de **tagliatelles** fraîches

10 ml (2 c. à thé) de **beurre**

15 ml (1 c. à soupe) de **sel**

Poivre

Sauce

150 ml (⅝ tasse) de **bisque de homard**

150 ml (⅝ tasse) de **crème 15 %**

Méthode

1. Décortiquer les queues des langoustines, saler et poivrer.
2. Les cuire à la vapeur 4 à 6 minutes.
3. Cuire les pâtes fraîches dans de l'eau bouillante salée selon les indications du fabricant jusqu'à ce qu'elles soient *al dente*, les égoutter, y ajouter le beurre.
4. Servir dans des assiettes chaudes.
5. Disposer les queues de langoustines sur les pâtes, napper de sauce.

Préparation de la sauce

1. Verser la bisque dans une casserole, ajouter la crème, porter à ébullition puis laisser mijoter à feu moyen 10 à 12 minutes pour laisser épaissir jusqu'à réduire la sauce de moitié.
2. Retirer du feu, garder au chaud.

pour **4** personnes

Fusilli al tonno

Ingrédients

500 g de **fusilli**

Sauce

2 **oignons**

60 ml (¼ tasse) d'**huile d'olive** extra vierge

3-4 conserves de **thon** dans l'eau

5-6 brins de **persil**

3-4 conserves de **tomates** concassées

Méthode

1. Cuire les pâtes dans de l'eau bouillante salée selon les indications du fabricant jusqu'à ce qu'elles soient *al dente*. Les égoutter.
2. Verser les pâtes dans la sauce, bien mélanger.

Préparation de la sauce

1. Éplucher et détailler les oignons, les faire revenir à la poêle dans l'huile d'olive.
2. Égoutter et émietter le thon, l'ajouter dans la poêle avec le persil finement haché, laisser cuire 5 minutes.
3. Ajouter les tomates, laisser mijoter 15 minutes.

pour **4** personnes

Penne aux anchois

Ingrédients

500 g de **penne**

Sauce

125 ml (½ tasse) de **câpres**

15-18 **anchois** frais

3 gousses d'**ail**

8-10 filets d'**anchois** en conserve

150 ml (⅝ tasse) d'**huile d'olive** extra vierge

500 ml (2 tasses) de **sauce tomate**

50 ml (3 c. à soupe) de **persil** frais

Marjolaine fraîche

Thym frais

150 ml (⅝ tasse) de **pain** émietté

Méthode

1. Hacher une gousse d'ail, la faire revenir dans une casserole avec un peu d'huile d'olive et les herbes finement hachées.
2. Saupoudrer de pain émietté, faire dorer. Réserver au chaud.
3. Cuire les pâtes dans de l'eau bouillante salée selon les indications du fabricant jusqu'à ce qu'elles soient *al dente*. Les égoutter.
4. Mélanger les pâtes à la sauce. Les recouvrir du pain à l'huile et mettre sous le gril 2 minutes.

Préparation de la sauce

1. Égoutter les câpres.
2. Rincer les anchois frais, les découper en filets. Réserver.
3. Éplucher 2 gousses d'ail, les hacher ou les piler au mortier avec les câpres et les filets d'anchois en conserve.
4. Faire revenir dans une grande sauteuse avec de l'huile.
5. Ajouter la sauce tomate puis les filets d'anchois frais. Réserver au chaud.

pour **4** personnes

Penne aux olives

Ingrédients

500 g de **penne**

45 ml (3 c. à soupe) de **câpres**

60 ml (¼ tasse) d'**olives noires** dénoyautées

1 gousse d'**ail**

30 ml (2 c. à soupe) de **persil** frais

5 ml (1 c. à thé) de **gingembre** en poudre

5 ml (1 c. à thé) de **muscade**

15 à 30 ml (1 à 2 c. à soupe) d'**huile d'olive** extra vierge

Méthode

1. Cuire les pâtes dans de l'eau bouillante salée selon les indications du fabricant jusqu'à ce qu'elles soient *al dente*. Les égoutter puis les reverser dans la casserole.
2. Égoutter les câpres et les olives, émincer les olives en rondelles.
3. Éplucher l'ail, le piler au mortier ou le hacher finement.
4. Émincer le persil.
5. Ajouter les olives, le persil, les câpres, un soupçon de gingembre et quelques pincées de muscade.
6. Mouiller d'huile d'olive.
7. Mélanger le tout et servir.

pour **2** personnes

Spaghettis au pistou

Ingrédients

350 g de **spaghettis**

Sauce

1 **tomate**

1 bouquet de **basilic**

1 gousse d'**ail**

Gros sel

40 ml (8 c. à thé)
de **pignons de pin**

50 g de **parmesan** ou de **cheddar** râpé

125 ml (½ tasse) d'**huile d'olive** extra vierge

Poivre

Méthode

1. Cuire les pâtes dans de l'eau bouillante salée selon les indications du fabricant jusqu'à ce qu'elles soient *al dente*.
2. Égoutter les pâtes, garder un peu d'eau de cuisson.
3. Déposer les pâtes dans un plat de service et ajouter la sauce au pistou.

Note : Les spaghettis peuvent être remplacés par des tortellinis.

Préparation de la sauce

1. Plonger la tomate dans de l'eau bouillante pendant 2 minutes, la passer sous l'eau froide, la peler.
2. Hacher les feuilles de basilic, les piler dans un bol ou les passer au mélangeur.
3. Hacher l'ail.
4. Ajouter au basilic l'ail, la tomate pelée, quelques grains de gros sel, les pignons et le parmesan râpé.
5. En mélangeant, verser l'huile d'olive goutte à goutte afin d'obtenir une sauce onctueuse.
6. Ajouter du poivre fraîchement moulu.
7. Diluer avec 1 cuillerée d'eau de cuisson des pâtes. Rectifier l'assaisonnement.

pour **4** personnes

Macaronis au fromage

Ingrédients

1 grosse **tomate** coupée

250-300 g de **macaronis**

60 ml (¼ tasse) de **beurre** ou de **margarine**

60 ml (¼ tasse) de **farine**

Sel, **poivre**

500 ml (2 tasses) de **lait**

500 ml (2 tasses) de **cheddar** râpé

Méthode

1. Préchauffer le four à 375 °F (190 °C).
2. Couper la tomate en tranches épaisses après en avoir retiré le cœur.
3. Cuire les macaronis dans de l'eau bouillante salée selon les indications du fabricant, les égoutter.
4. Pendant ce temps, faire fondre le beurre dans une casserole. Retirer du feu.
5. Incorporer la farine, le sel et le poivre et brasser jusqu'à obtenir une pâte bien homogène, verser le lait peu à peu.
6. Amener à ébullition en mélangeant. Baisser le feu et laisser mijoter le mélange 1 minute. Retirer du feu.
7. En mélangeant, incorporer 125 ml (½ tasse) de fromage et les macaronis.
8. Verser dans une grande terrine profonde de 5 à 8 cm.
9. Garnir le dessus de tranches de tomate. Saupoudrer du reste de fromage.
10. Enfourner et laisser cuire 15 minutes, jusqu'à ce que le fromage soit doré.

pour **2** personnes

Ricchietelle de basilicate

Les ricchietelle sont des petites boules de pâte qui ont la forme d'oreille. Si vous ne parvenez pas à en trouver, vous pouvez les remplacer par des pâtes ayant une forme similaire, comme des orrechiette.

Voir photo à la page 129

Ingrédients

300-350 g de **ricchietelle**

80-100 g de **parmesan** râpé

3 à 5 noisettes de **beurre**

Quelques cuillerées de **bouillon de légumes**

Sel, **poivre**

Méthode

1. Cuire les ricchietelle jusqu'à ce qu'ils soient *al dente*. Les égoutter dans une passoire, les verser dans un plat de service creux et chaud.
2. Saupoudrer de parmesan râpé, ajouter quelques noisettes de beurre, arroser de quelques cuillerées de bouillon de légumes.
3. Rectifier l'assaisonnement.
4. Garder à part une réserve de parmesan pour chaque convive.

pour **2** personnes

Passatelli au bouillon

Ingrédients

2 L (8 tasses) de **bouillon de poisson** ou **de légumes**

Pâte

250 ml (1 tasse) de **pain** râpé

130 g de **parmesan** (ou de **cheddar**) râpé

Fromage pecorino râpé

4 **œufs**

15 ml (1 c. à soupe) de **muscade**

Sel

Méthode

1. Disposer sur le plan de travail du pain râpé et les deux fromages râpés. Mélanger les ingrédients et former un puits.
2. Casser au-dessus les œufs entiers, saupoudrer de muscade et de sel.
3. Pétrir la pâte de manière à ce qu'elle devienne ferme. Ajouter du pain râpé si nécessaire pour affermir la pâte.
4. Laisser reposer la pâte 10 à 15 minutes.
5. Mettre le bouillon à bouillir dans une casserole.
6. Passer la pâte à la machine à pâtes (ou un presse-purée) pour obtenir des passatellis, pâtes qui ont la forme de « cigarettes » de 4-5 cm de longueur et de 0,5 cm de diamètre.
7. Jeter les passatellis dans le bouillon, les cuire 1 à 2 minutes. Les passatellis sont cuits quand ils remontent à la surface.
8. Saupoudrer d'un peu de parmesan râpé et servir aussitôt.

pour 2 personnes

Wonton farcis au crabe

Les wonton, ou won-ton, sont de petits carrés de pâte confectionnés avec de la farine de blé. Employés dans la cuisine asiatique, ils permettent de réaliser de délicieux raviolis farcis. On peut trouver la pâte spéciale dans les épiceries asiatiques, sous le nom de «feuilles à raviolis» ou «feuilles à wonton».

Voir photo à la page 130

Ingrédients

6 à 7 c. à soupe d'**huile d'olive** extra vierge

40 petites **pâtes à wonton**

200 g de **chair de crabe**

2 ml (½ c. à thé) de **sel**

Crème

1 **œuf**

200 ml (⅞ tasse) de **crème 15 %**

Méthode

1. Dans un wok, verser environ 4 c. à soupe d'huile, la mettre à chauffer.
2. Émincer la chair de crabe.
3. Placer 1 cuillerée de chair de crabe sur 1 feuille de wonton. Couvrir avec une autre feuille, comprimer les bords avec les doigts.
4. Badigeonner les deux faces du wonton avec un pinceau trempé dans la crème. Procéder de même avec les autres wontons.
5. Recouvrir les wontons d'un linge humide pour éviter qu'ils se dessèchent.
6. Frire plusieurs wontons ensemble dans l'huile chaude jusqu'à ce qu'ils dorent, les retourner de temps à autre.
7. Les égoutter sur un papier absorbant.
8. Avant de servir, laisser les feuilles de wonton sous un linge humide pour qu'elles restent souples.

Préparation de la crème

1. Dans un bol, casser et battre l'œuf avec la crème et le reste de l'huile, saler au goût.

pour **5** personnes

Pâtes aux champignons

Ingrédients

500 g de **pâtes** semi-complètes

1 gousse d'**ail**

350 ml (1 3⁄8 tasse) de **champignons de Paris**

105 ml (7 c. à soupe) d'**huile d'olive** extra vierge

45 ml (3 c. à soupe) d'**herbes** fraîches hachées (origan, persil... selon son choix)

Jus d'un demi-**citron**

Sel, **poivre**

Méthode

1. Cuire les pâtes dans de l'eau bouillante salée selon les indications du fabricant jusqu'à ce qu'elles soient *al dente*.
2. Éplucher et écraser l'ail dans un bol.
3. Couper le pied des champignons.
4. Badigeonner les têtes des champignons avec la moitié de l'huile d'olive. Les mettre à griller dans un plat sous le gril du four pendant 6 à 8 minutes.
5. Retirer les champignons du four et les détailler en lanières. Les jeter dans un saladier avec leur jus.
6. Ajouter le restant d'huile, les herbes, l'ail, et le jus de citron.
7. Bien mélanger, saler, poivrer.
8. Ajouter les pâtes, mélanger encore et rectifier l'assaisonnement.

Note : On peut ajouter un demi-oignon rissolé à la préparation et d'autres épices à sa convenance.

pour **2** personnes

Pâtes aux poivrons

Ingrédients

3 **poivrons** de différentes couleurs

1 gousse d'**ail**

Huile d'olive extra vierge

Sel, **poivre**

300 g de **pâtes à base de blé dur**

Méthode

1. Tailler les poivrons en fines lanières et les épépiner.
2. Éplucher et hacher finement l'ail. Le faire rissoler dans une poêle.
3. Ajouter les lanières de poivron, le sel et le poivre, laisser mijoter à couvert pour conserver le jus des poivrons.
4. Cuire les pâtes dans de l'eau bouillante salée selon les indications du fabricant jusqu'à ce qu'elles soient *al dente* et les mélanger ensuite aux poivrons.
5. On peut ajouter un demi-oignon rissolé à la préparation.

pour **4** personnes

Pâtes aux épinards

Ingrédients

500 g de **pâtes** semi-complètes

60 ml (¼ tasse) de **tomates séchées**

500 ml (2 tasses) de **bébés épinards**

3 **oignons verts**

60 ml (¼ tasse) de **pignons de pin** grillés

15 ml (1 c. à soupe) d'**origan** frais haché

Sauce pimentée (sauce Tabasco)

Méthode

1. Cuire les pâtes dans de l'eau bouillante salée selon les indications du fabricant.
2. Les égoutter et les rincer à l'eau froide dans une passoire.
3. Les transférer dans un saladier.
4. Couper les tomates séchées en lanières.
5. Équeuter et hacher les bébés épinards.
6. Éplucher et hacher finement les oignons verts.
7. Les mettre dans le saladier avec les tomates, les épinards, les pignons et l'origan. Ajouter un peu de sauce pimentée au goût.

NOTE : Ce plat, qui se mange froid, peut être aromatisé avec une légère vinaigrette et accompagné d'autres épices de son choix.

pour **4** personnes

Rigatonis à la sauce d'aubergine

Ingrédients

375 g de **rigatonis**

Parmesan

SAUCE

1 gousse d'**ail**

1 **oignon**

2 branches de **céleri**

1 **aubergine**

60 ml (¼ tasse) d'**huile d'olive** extra vierge

30 ml (2 c. à soupe) de **cognac**

600 ml (2 ⅓ tasses) de **sauce tomate**

125 ml (½ tasse) de **pâte de tomates**

125 ml (½ tasse) d'**eau**

Méthode

1. Cuire les rigatonis dans de l'eau bouillante selon les indications du fabricant et les égoutter.
2. Les mettre dans un grand plat et y mélanger la moitié de la sauce.
3. Répartir dans des assiettes chaudes, napper de sauce et râper au-dessus le parmesan.

PRÉPARATION DE LA SAUCE

1. Éplucher et couper l'ail en rondelles. Le piler dans un mortier.
2. Émincer finement l'oignon. Couper finement le céleri.
3. Couper l'aubergine en tranches fines.
4. Faire chauffer l'huile dans une grande casserole et faire revenir l'oignon, le céleri et l'ail en remuant bien.
5. Ajouter le cognac et prolonger la cuisson, sans cesser de remuer, jusqu'à évaporation de l'alcool.
6. Ajouter l'aubergine et cuire jusqu'à ce qu'elle soit tendre.
7. Ajouter la sauce tomate, la pâte de tomates et l'eau. Porter le tout à ébullition.
8. Baisser le feu et laisser mijoter 10 minutes sans couvrir, jusqu'à ce que la sauce épaississe légèrement.

pour **4** personnes

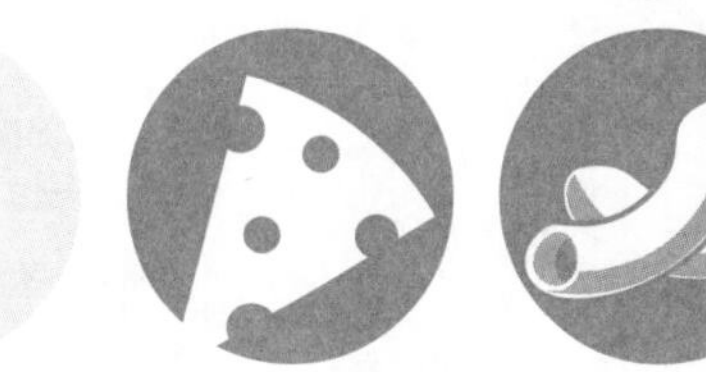

Lasagne à la ratatouille

Ingrédients

100 g de **lasagnes**

2,9 L (11 ⅔ tasses) de **ratatouille**

Sauce

50 ml (3 c. à soupe) de **beurre**

95 ml (⅜ tasse) de **farine**

450 ml (1 ⅞ tasse) de **lait**

2 ml (½ c. à thé) de **moutarde**

350 ml (1 ⅜ tasse) de **fromage** râpé

Sel

Méthode

1. Préchauffer le four à 375 °F (190 °C).
2. Dans un plat à lasagne préalablement huilé, disposer par couches successives la ratatouille sans le jus, puis des lasagnes et un peu de sauce. Finir par une couche de sauce.
3. Saupoudrer du reste de fromage râpé. Enfourner 35 minutes, jusqu'à ce que le dessus soit gratiné.

Préparation de la sauce

1. Faire fondre le beurre à feu doux dans une casserole.
2. Ajouter la farine et bien mélanger. Faire cuire quelques instants en remuant constamment.
3. Ajouter un verre de lait. Mélanger pour obtenir une pâte homogène.
4. Renouveler l'opération avec encore un peu de lait. Recommencer autant de fois que nécessaire avec le reste de lait.
5. Faire cuire pendant 2 minutes sans cesser de remuer.
6. Ajouter la moutarde, le sel et 200 ml (⅞ tasse) de fromage râpé.
7. Mélanger jusqu'à ce que le fromage soit fondu. Retirer du feu.

pour **4** personnes

Lasagne végétarienne

Ingrédients

1 **aubergine**

2 **poivrons rouges**

1 paquet de **lasagnes au blé entier**

30 ml (2 c. à soupe) d'**huile d'olive** extra vierge

Sel, **poivre**

250 ml (1 tasse) de **ricotta**

30 ml (2 c. à soupe) de **pesto**

6 à 10 **tomates séchées**

Fromage parmesan

375 ml (1 ½ tasse) de **cheddar doux** ou **mozzarella** râpée

Sauce

2 **oignons**

4 ou 5 gousses d'**ail**

15 **tomates**

15-20 **olives vertes** ou **noires**, ou les deux

30 ml (2 c. à soupe) d'**huile d'olive** extra vierge

Épices du jardin: basilic frais, herbes de Provence séchées, feuille de laurier

Sel, **poivre**

Méthode

Préparation de la sauce tomate

1. Éplucher les oignons et les couper en rondelles.
2. Éplucher et émincer l'ail.
3. Couper les tomates en quartiers après en avoir retiré le cœur.
4. Dénoyauter les olives et les couper en rondelles.
5. Faire revenir les oignons dans l'huile d'olive dans une casserole jusqu'à ce qu'ils deviennent transparents.
6. Incorporer l'ail émincé et faire revenir 2 minutes.
7. Ajouter les tomates et brasser.
8. Ajouter le laurier et les autres épices séchées, le sel, le poivre et les olives.
9. Laisser mijoter 30-40 minutes. À la dernière minute, ajouter les herbes fraîches, comme le basilic.

Préparation de la lasagne

1. Préchauffer le four à 375 °F (190 °C).
2. Couper l'aubergine en tranches et les poivrons en cubes.
3. Couper les tomates séchées en petits morceaux.
4. Faire cuire les pâtes 10 minutes dans de l'eau à laquelle on a ajouté de l'huile (pour éviter que les pâtes ne collent).
5. Pendant ce temps, faire revenir les aubergines dans l'huile d'olive jusqu'à ce qu'elles soient légèrement dorées. Saler et poivrer.
6. Retirer du feu et réserver.
7. Faire revenir les poivrons dans le reste de l'huile d'olive dans la poêle. Saler, poivrer et réserver.
8. Mélanger la ricotta avec le pesto et les tomates séchées. Saler, poivrer et réserver.
9. Lorsque les pâtes sont cuites, commencer la mise en place de la lasagne : une mince couche de sauce tomate, suivie d'un étage de lasagnes, d'un étage d'aubergines, d'un étage de poivrons, d'un étage de sauce; saupoudrer de parmesan. Puis un étage de lasagnes, la ricotta, un étage de lasagnes, un étage de sauce, du parmesan, puis enfin le fromage râpé.
10. Faire cuire au four 25 minutes, et 5 minutes à four très chaud (surveiller).
11. Sortir du four. Attendre 5 minutes avant de couper et de servir.

Note : *Les variations possibles pour cette recette sont sans limites.*

pour **4** personnes

Spaghettis au sarrasin

Ingrédients

350 g de **spaghettis au sarrasin**

Oignons verts

Sauce

1 gousse d'**ail**

15 ml (1 c. à soupe) d'**oignon** émincé

15 ml (1 c. à soupe) d'**arachides**

130 ml (½ tasse + 1 c. à thé) de **beurre d'arachide crémeux**

80 ml (⅓ tasse) d'**eau**

25 ml (5 c. à thé) de **sauce au soya**

15 ml (1 c. à soupe) de **mélasse**

25 ml (5 c. à thé) de **gingembre** frais râpé

5 ml (1 c. à thé) de **sauce épicée**

Méthode

1. Cuire les pâtes selon les instructions du fabricant.
2. Les égoutter, les rincer à l'eau froide.
3. Dans un grand bol, déposer les pâtes et la sauce en remuant bien.
4. Garnir d'oignons verts et d'arachides et servir.

Préparation de la sauce

1. Éplucher et écraser l'ail.
2. Hacher les arachides.
3. Verser le beurre d'arachide, l'eau, la sauce soya, la mélasse, le gingembre, l'ail et la sauce épicée dans un mélangeur.
4. Battre jusqu'à obtenir une consistance lisse.

pour **5** personnes

Spaghettis aux palourdes

Ingrédients

350 g de **spaghettis** biologiques semi-complets

Sel, poivre

Sauce

300 g de **palourdes** surgelées

655 ml (2 ⅝ tasses) de **tomates** épluchées

375 ml (1 ½ tasse) de **courgettes**

1 gousse d'**ail**

30 ml (2 c. à soupe) d'**huile d'olive** extra vierge

½ verre de **vin blanc**

Méthode

1. Faire cuire les spaghettis dans de l'eau bouillante salée.
2. Les égoutter, les disposer dans un plat et verser dessus la sauce aux palourdes.
3. Rectifier l'assaisonnement.

Préparation de la sauce

1. Faire décongeler les palourdes.
2. Ouvrir les tomates, en retirer le cœur et les épépiner.
3. Couper les courgettes en petits quartiers.
4. Éplucher et écraser l'ail. Le faire rissoler dans l'huile d'olive chaude.
5. Retirer l'ail, faire ensuite revenir les courgettes dans la même poêle, ajouter les palourdes avec leur eau de conservation.
6. Mouiller la cuisson avec le vin blanc et laisser évaporer.
7. Ajouter les tomates, puis saler. Laisser sur le feu 3 minutes.

Penne au saumon fumé

Ingrédients

500 g de **penne**

Parmesan râpé

4 tranches de **saumon fumé**

Sauce

4 **cœurs d'artichaut**

2 gousses d'**ail**

30 ml (2 c. à soupe) d'**huile d'olive** extra vierge

8 ml (½ c. à soupe) de **persil** frais haché

2 boîtes de **tomates** concassées

Méthode

1. Cuire les pâtes dans de l'eau portée à ébullition jusqu'à ce qu'elles soient *al dente*. Les égoutter.
2. Disposer les pâtes dans les assiettes, napper de sauce, saupoudrer de parmesan.
3. Disposer par-dessus les tranches de saumon.

Préparation de la sauce

1. Couper les cœurs d'artichaut en dés.
2. Éplucher et hacher finement l'ail et le faire revenir dans une poêle nappée d'huile d'olive avec le persil haché.
3. Ajouter les tomates et les cœurs d'artichaut.
4. Laisser mijoter 15 minutes en remuant. Saler et poivrer.

pour **3-4** personnes

Orecchiette aux navets-raves

Ingrédients

8,5 L (34 tasses) de **feuilles de navets-raves**

400 g d'**orecchiette**

Sauce

3-5 **anchois**

1-2 gousses d'**ail**

1 **poivron rouge**

Huile d'olive extra vierge

Méthode

1. Ne prendre que les feuilles les plus tendres des navets-raves. Les cuire 10 minutes dans de l'eau salée bouillante, puis verser les orecchiette dans la même eau pour les cuire 7 à 8 minutes de plus.
2. Retirer les feuilles et les pâtes, puis les égoutter dans une passoire.
3. Verser dans une casserole les orecchiette, les feuilles de navets et la sauce obtenue.
4. Mélanger, laisser reposer et servir.

Préparation de la sauce

1. Découper les anchois en lamelles.
2. Éplucher et couper l'ail en rondelles.
3. Ouvrir et découper le poivron en rondelles après l'avoir épépiné.
4. Dans une poêle, faire revenir ensemble l'ail et le poivron. Ajouter les anchois à la fin.

Note : Les orecchiette sont de petites pâtes alimentaires en forme d'oreille.

pour **2** personnes

Gratin de pâtes à la sauce aux noix

Ingrédients

250 g de **pâtes** biologiques semi-complètes ou complètes

235 ml (7/8 tasse + 1 c. à soupe) de **noix**

Chapelure

Sauce

1 gousse d'**ail**

45 ml (3 c. à soupe) d'**huile d'olive** extra vierge

45 ml (3 c. à soupe) de **farine**

250 ml (1 tasse) de **lait de soya non sucré**

250 ml (1 tasse) de **bouillon de légumes**

5 ml (1 c. à thé) de **moutarde**

75 ml (5 c. à soupe) de **levure maltée** en flocons

Sel, poivre

Méthode

1. Préchauffer le four à 400 °F (200 °C).
2. Cuire les pâtes selon les instructions du fabricant.
3. Piler grossièrement les noix dans un mortier, puis les faire griller dans une poêle nappée d'huile.
4. Mélanger la sauce avec les pâtes et les noix.
5. Placer la préparation dans un plat à gratin, saupoudrer de chapelure et enfourner quelques minutes.

Préparation de la sauce

1. Éplucher et couper l'ail en rondelles. Le piler dans un mortier.
2. Faire chauffer l'huile dans une casserole, y jeter la farine et fouetter pour faire un roux.
3. Ajouter peu à peu le lait de soya et le bouillon de légumes, en alternance en fouettant vivement.
4. Ajouter la moutarde, la levure, l'ail pilé et l'assaisonnement.
5. Laisser mijoter quelques minutes.

pour **4** personnes

Pâtes aux champignons

Ingrédients

1 gousse d'**ail**

1 **oignon**

845 ml (3 ⅜ tasses) de **champignons**

45 ml (3 c. à soupe) d'**huile d'olive** extra vierge

15 ml (1 c. à soupe) de **sauce soya**

5 ml (1 c. à thé) de **cari**

Poivre

300 g de **pâtes** biologiques semi-complètes ou complètes

Persil frais haché

1 **citron**

Sauce

30 ml (2 c. à soupe) de **margarine**

30 ml (2 c. à soupe) de **farine**

300 ml (1 ¼ tasse) de **bouillon de légumes**

Méthode

1. Éplucher et couper l'ail et l'oignon en rondelles.
2. Retirer les pieds des champignons et les émincer.
3. Faire rissoler l'ail et les champignons dans l'huile quelques minutes. Les enlever de la poêle et faire rissoler l'oignon.
4. Ajouter la sauce soya, le cari et le poivre, puis les champignons et l'ail.
5. Cuire les pâtes dans de l'eau bouillante salée (selon les instructions du fabricant), puis les mélanger à la sauce.
6. Décorer de persil haché et parfumer de jus de citron.

Préparation de la sauce

1. Faire fondre la margarine dans une casserole, y jeter la farine et faire un roux.
2. Verser peu à peu le bouillon en remuant énergiquement.
3. Laisser épaissir la sauce.

Légumes

pour **2** personnes

Aubergines grillées aux pignons de pin

Ingrédients

2 **aubergines**

30 ml (2 c. à soupe) de **graines de pavot**

100 ml (⅓ tasse + 1 c. à soupe) de **chapelure**

1 gousse d'**ail** hachée

Crème

150 g de **tofu soyeux**

50 ml (3 c. à soupe) de **pignons de pin**

100 ml (⅓ tasse + 1 c. à soupe) d'**oignon** haché en fines lanières

1 bouquet de **basilic**

15 ml (1 c. à soupe) d'**huile d'olive** extra vierge

5 ml (1 c. à thé) de **jus de citron**

Sel, **poivre**

Méthode

1. Après avoir tranché les aubergines, les faire dégorger en les saupoudrant de sel.
2. Faire ensuite griller les graines de pavot et les réserver.
3. Passer les tranches d'aubergines sous l'eau froide, les éponger soigneusement avant de les faire griller à la poêle, dans un peu d'huile, en les retournant de chaque côté.
4. Mélanger dans un bol la chapelure et l'ail, passer les tranches d'aubergines dans cette préparation et les remettre à griller.
5. Servir dans un plat les tranches d'aubergines saupoudrées de graines de pavot, les décorer de la crème de tofu au basilic et de quelques feuilles de basilic.

Préparation de la crème

1. Préparer une crème en mélangeant dans un bol le tofu, les pignons, l'oignon haché et le basilic dans de l'huile d'olive et du jus de citron.
2. Saler et poivrer selon son goût.

pour **chaque** personne

Boulettes de lentilles

Voir photo à la page 131

Ingrédients

200 ml (7⁄8 tasse) de **bouillon de légumes**

100 ml (1⁄3 tasse + 1 c. à soupe) de **lentilles rouges** sèches

1 **oignon** émincé

1 gousse d'**ail** hachée

Persil frais haché

Sel, poivre

Chapelure

Huile d'olive extra vierge

Méthode

1. À feu doux, chauffer le bouillon de légumes jusqu'à ébullition.
2. Pendant ce temps, rincer les lentilles. Les jeter dans le bouillon chaud, laisser mijoter 15 à 20 minutes en remuant régulièrement, jusqu'à ce que les lentilles soient cuites. Les égoutter et conserver le bouillon. Laisser refroidir le bouillon.
3. Ajouter l'oignon émincé, l'ail et le persil, le sel et le poivre.
4. Ajouter une dose de chapelure de manière à ce que la préparation soit homogène pour former des boulettes.
5. Une fois les boulettes façonnées, les faire dorer dans un bain d'huile chaude.

NOTE : Les boulettes de lentilles peuvent être servies seules ou avec un gratin de céréale (boulgour, blé, millet, etc.), nappées de sauce tomate ou posées sur des feuilles de laitue. On peut épicer les lentilles avec de la poudre de cari ou de coriandre.

Boulettes de millet

Voici une variante de la recette des boulettes de lentilles.

Ingrédients

15 ml (1 c. à soupe) d'**huile d'olive** extra vierge

2 ml (½ c. à thé) de **cari**

2 ml (½ c. à thé) de **coriandre** moulue

1 ml (¼ c. à thé) de **curcuma**

1 ml (¼ c. à thé) de **cannelle**

150 ml (⅝ tasse) de **millet**

2 **carottes** coupées en petits dés

400 ml (1 ⅝ tasse) d'**eau**

Quelques **tiges d'oignons verts** finement coupées

Sel, **poivre**

Chapelure ou **miettes de pain**

Méthode

1. Faire dorer les épices dans une nappe d'huile chaude au fond d'une casserole jusqu'à ce qu'elles dégagent un fort arôme.
2. Ajouter les grains de millet et les dés de carottes et laisser cuire quelques instants.
3. Verser l'eau, porter à ébullition, baisser le feu et laisser cuire 15 minutes à feu doux.
4. Laisser refroidir complètement la préparation.
5. Ajouter les tiges d'oignons, rectifier l'assaisonnement à son goût.
6. Ajouter une dose de chapelure de manière à ce que la préparation soit homogène pour former des boulettes.
7. Une fois les boulettes façonnées, les faire dorer dans un bain d'huile chaude.

Note : Les boulettes de millet peuvent être servies seules ou avec un gratin de céréale (boulgour, blé, millet, etc.), nappées de sauce tomate ou posées sur des feuilles de laitue.

pour **3-4** personnes

Boulgour au chili

Le chili est un mélange d'épices utilisé dans la cuisine mexicaine. Il se présente sous forme de poudre fine dont la composition contient (par quantité décroissante): piment fort ; paprika ; ail ; cumin ; origan ; girofle. Si vous ne pouvez vous procurer du chili ou trouvez ce mélange trop fort, vous pouvez adoucir les épices selon vos goûts, ou les remplacer par 15 ml (1 c. à soupe) de cumin en poudre et un peu de poivre de Cayenne.

Ingrédients

45 ml (3 c. à soupe) d'**huile d'olive** extra vierge

3 **oignons** moyens

15 ml (1 c. à soupe) de **poudre de chili**

2 **poivrons**

2-3 gousses d'**ail**

2 L (8 tasses) de **tomates**

Environ 250 ml (1 tasse) d'**eau**

400 ml (1 ⅝ tasse) de **haricots rouges** cuits et rincés

400 ml (1 ⅝ tasse) de **haricots noirs** cuits et rincés

300 ml (1 ¼ tasse) de **maïs en grains**

100 ml (⅓ tasse + 1 c. à soupe) de **boulgour sec**

Sel, **poivre**

Coriandre fraîche

Méthode

1. Hacher les oignons.
2. Couper les poivrons en dés.
3. Hacher l'ail.
4. Couper les tomates en morceaux
5. Faire revenir les oignons avec les épices dans une grande casserole.
6. Ajouter les dés de poivron et l'ail et faire encore revenir pendant 1 minute.
7. Ajouter les morceaux de tomates, l'eau puis porter doucement à ébullition.
8. Ajouter ensuite dans la casserole les haricots cuits, le maïs et le boulgour.
9. Laisser mijoter un quart d'heure environ de manière à ce que le boulgour soit cuit et ait absorbé l'eau. Le volume d'eau utilisé dépend du volume de boulgour employé.
10. Saler et poivrer.
11. Servir en ajoutant un peu coriandre.

pour 2-3 personnes

Gratin de chou au paprika et aux arachides

Ingrédients

2 L (8 tasses) de **chou**

5 à 10 ml (1-2 c. à thé) de **paprika**

Sel, poivre

80 g de **fromage frais à l'ail et aux fines herbes**

40-50 ml (3 c. à soupe) de **chapelure**

50 ml (3 c. à soupe) d'**arachides salées** hachées

30 ml (2 c. à soupe) d'**huile**

30 ml (2 c. à soupe) de **persil** frais haché

Sauce

200 g de **fromage blanc**

15 ml (1 c. à soupe) de **jus de citron**

60 ml (¼ tasse) de **ciboulette** fraîche finement hachée

Sel, poivre

Méthode

1. Préchauffer le gril du four.
2. Laver puis couper le chou en lanières.
3. Verser le chou dans une grande casserole d'eau salée bouillante et faire cuire 5 minutes jusqu'à ce que le chou soit tendre mais en prenant soin de ne pas trop le cuire.
4. Égoutter le chou et le remettre dans la casserole.
5. Ajouter la sauce au fromage, le paprika, le sel et le poivre. Réchauffer à feu doux en remuant de temps en temps.
6. Ajouter le fromage à l'ail et aux fines herbes. Bien mélanger. Verser le mélange dans un plat allant au four.
7. Dans un saladier, mélanger la chapelure, les arachides, l'huile et le persil.
8. Saupoudrer sur le chou. Faire dorer le plat ou le gratiner un peu.

Préparation de la sauce

1. Fouetter dans un bol le fromage blanc.
2. Verser le jus de citron et la ciboulette. Saler et poivrer.

pour **2-3** personnes

Gratin de chou-fleur

Voir photo à la page 132

Ingrédients

2 **œufs**

1 **chou-fleur**

1 **oignon**

Farine

5 ml (1 c. à thé) de **cari**

30 ml (2 c. à soupe) de **beurre**

500 ml (2 tasses) de **lait**

2 ml (½ c. à thé) de **thym**

250 ml (1 tasse) de **fromage** râpé

Croûtons de pain

Méthode

1. Préchauffer le four à 400 °F (200 °C).
2. Faire cuire les œufs à la coque et les peler.
3. Faire bouillir le chou-fleur et l'oignon émincé dans de l'eau salée jusqu'à ce qu'ils soient tendres. Égoutter.
4. Déposer le chou-fleur et l'oignon dans un plat allant au four et répartir dessus les œufs hachés.
5. Verser la farine, le cari, le beurre et le lait dans une casserole.
6. Porter doucement à ébullition, en mélangeant bien jusqu'à obtenir une sauce homogène et lisse.
7. Ajouter le thym et laisser frémir la sauce 2 minutes au maximum.
8. Retirer la casserole du feu et incorporer les ¾ du fromage râpé.
9. Verser la sauce sur le chou-fleur, parsemer de croûtons et saupoudrer avec le reste du fromage. Gratiner au four de 35 à 40 minutes.

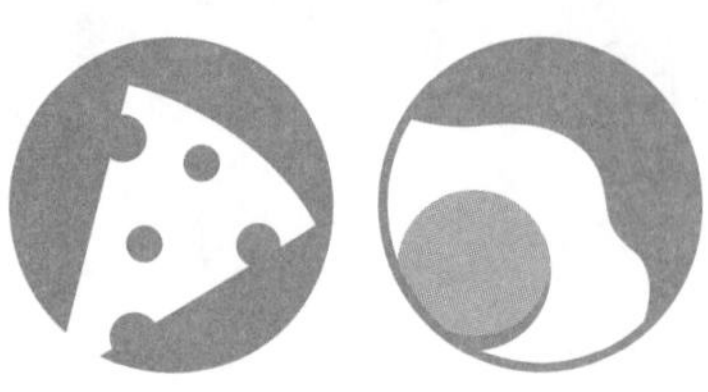

pour **6** personnes

Gratin de potiron

Ingrédients

3 **pommes de terre**

1,5 L (6 tasses) de **potiron**

3 **œufs**

Sel

1 pincée de **muscade**

125 ml (½ tasse) de **crème fraîche**

225 g de **comté** (fromage au lait cru)

Méthode

1. Préchauffer le four à 400 °F (200 °C).
2. Éplucher puis couper en morceaux les pommes de terre.
3. Couper le potiron en gros dés sans l'éplucher. Le faire cuire à feu doux dans un récipient.
4. Procéder de même avec les pommes de terre. Saler.
5. Passer les pommes de terre et le potiron au moulin à légumes.
6. Dans un bol, battre au fouet les œufs avec le sel, la muscade et la crème fraîche.
7. Râper le fromage par-dessus et mélanger cette préparation à la purée de légumes.
8. Huiler un plat à gratin, y verser la préparation et faire cuire pendant 35 à 40 minutes.

NOTE : Ce plat peut être dégusté avec une salade.

pour **2-3** personnes

Tartines de poivron à la farine de pois chiches

Ingrédients

1 **poivron rouge** ou **vert**

125 ml (½ tasse) de **tomates**

130 ml (½ tasse + 1 c. à thé) de **farine de pois chiches**

15 ml (1 c. à soupe) d'**huile d'olive** extra vierge

15 ml (1 c. à soupe) de **persil** frais haché

5 ml (1 c. à thé) de **ciboulette** fraîche hachée

5 ml (1 c. à thé) de **paprika**

5 ml (1 c. à thé) de **purée d'amandes**

125 ml (½ tasse) de **chapelure**

5 ml (1 c. à thé) de **levure**

6 à 9 tranches de **pain**

Sel, **poivre**

Méthode

1. Préchauffer le four à 350 °F (180 °C).
2. Hacher finement le poivron au mélangeur.
3. Hacher les tomates.
4. Dans un saladier, mélanger soigneusement tous les ingrédients jusqu'à ce que la préparation soit homogène. Si nécessaire, ajouter un peu d'eau.
5. Verser le mélange obtenu dans un moule à gâteau rectangulaire huilé. Faire cuire 60 minutes.
6. Étaler sur des tartines de pain légèrement grillées, chaudes ou froides.

NOTE : Le plat peut aussi être consommé avec un accompagnement de salade verte.

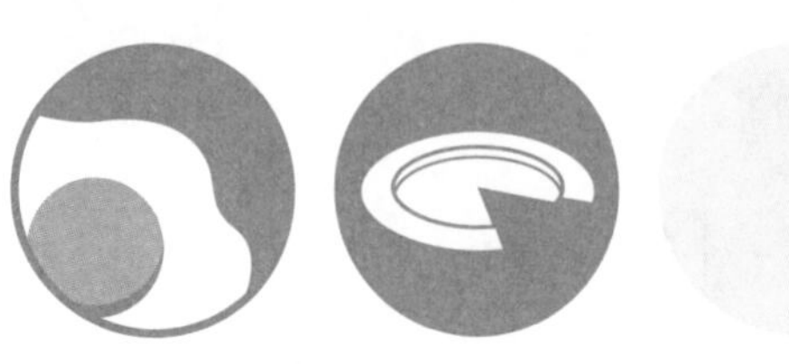

pour **4** personnes

Gratin végétarien

Ingrédients

1,5 L (6 tasses) de **pommes de terre**

3 **œufs**

50 ml (3 c. à soupe) de **lait**

60 ml (¼ tasse) de **crème fraîche**

Sel, poivre

30 ml (2 c. à soupe) de **beurre**

1 pincée de **muscade**

Méthode

1. Préchauffer le four à 400 °F (200 °C).
2. Éplucher les pommes de terre, les couper en rondelles fines.
3. Dans un bol, battre ensemble les œufs, le lait et la crème. Saler, poivrer.
4. Beurrer un plat allant au four.
5. Déposer une couche de rondelles de pommes de terre, suivie d'une couche de la préparation, renouveler l'opération successivement en finissant par une couche de la préparation.
6. Parsemer de noisettes de beurre.
7. Saupoudrer de muscade.
8. Faire cuire au four pendant 45 minutes.

pour **4** personnes

Plat aux haricots

Ingrédients

400 ml (1 ⅝ tasse) de **haricots blancs** ou **rouges** en conserve

30 ml (2 c. à soupe) de **persil** frais

5 ml (1 c. à thé) de **thym** frais

1 gousse d'**ail**

120 g de **fromage frais** crémeux

30 ml (2 c. à soupe) de **jus de citron**

Sel, **poivre**

Méthode

1. Rincer et égoutter les haricots.
2. Hacher le persil et le thym.
3. Émincer puis écraser l'ail.
4. Dans un bol, mélanger les ingrédients jusqu'à obtenir une préparation homogène.
5. Verser dans un plat, recouvrir d'une pellicule plastique et disposer au frais.

NOTE : Ce plat peut être accompagné d'une salade ou de légumes au choix.

pour **3** personnes

Fenouil au fromage

Voir photo à la page 133

Ingrédients

3 **bulbes de fenouil**

1 noisette de **beurre**

125 ml (½ tasse) de **parmesan** râpé (ou de **gruyère**)

Sel, poivre

Méthode

1. Préchauffer le four à 320 °F (160 °C).
2. Cuire les bulbes de fenouil dans une casserole d'eau salée pendant 20 minutes. Les égoutter.
3. Beurrer un plat à gratin.
4. Couper les bulbes en deux dans le sens de la longueur, disposer les moitiés en couches en saupoudrant chaque couche de fromage râpé.
5. Terminer la dernière couche par le fromage.
6. Faire fondre le beurre à feu doux dans une poêle.
7. Ajouter le beurre fondu au-dessus du fromage et faire dorer.

NOTE : Selon ses goûts, il est possible d'ajouter d'autres épices : cumin, curcuma, paprika, moutarde...

pour **3-4** personnes

Courgettes à la menthe

Voir photo à la page 134

Ingrédients

6 **courgettes**

5 branches de **menthe**

2 ml (½ c. à thé) de **moutarde**

30 ml (2 c. à soupe) de **vinaigre de vin blanc**

90 ml (6 c. à soupe) d'**huile d'olive** extra vierge

Sel, poivre

30 ml (2 c. à soupe) de **pignons de pin**

Méthode

1. Éplucher les courgettes et les réserver dans un saladier.
2. Hacher finement la menthe.
3. Mélanger dans un bol la moutarde, le vinaigre et l'huile d'olive. Saler, poivrer au goût.
4. Ajouter la menthe hachée et mélanger.
5. Assaisonner les courgettes et ajouter les pignons de pin.
6. Mélanger le tout et servir frais.

pour **4** personnes

Courgettes farcies

Ingrédients

250 ml (1 tasse) de **riz** blanc ou complet biologique

4 **courgettes**

700 g de **fromage de chèvre**

Sel, **poivre**

Huile d'olive extra vierge

Méthode

1. Préchauffer le four à 350 °F (180 °C).
2. Faire cuire lentement le riz dans de l'eau salée selon les indications du fabricant.
3. Couper les courgettes en deux dans le sens de la longueur, les épépiner et recueillir un peu de chair. Hacher cette chair dans un bol.
4. Faire cuire les courgettes 8 minutes dans de l'eau bouillante salée.
5. Mélanger le riz cuit, la chair de courgette hachée et les petits fromages broyés. Assaisonner.
6. Farcir les courgettes de cette préparation et disposer dans un plat allant au four.
7. Sur la farce, verser un filet d'huile d'olive.
8. Mettre au four pendant 30 minutes.

pour **3** personnes

Tomates farcies au gratin de poireaux

Ingrédients

3 **blancs de poireaux**

4 grosses **pommes de terre**

1 gousse d'**ail**

Sel, poivre

Huile d'olive extra vierge

4 **tomates**

500 ml (2 tasses) de **champignons de Paris**

60 ml (¼ tasse) de **chapelure**

Herbes de Provence

Méthode

1. Préchauffer le four à 400 °F (200 °C).
2. Couper les blancs de poireaux et les pommes de terre en rondelles.
3. Écraser l'ail.
4. Déposer en alternance dans une cocotte les blancs de poireaux et les pommes de terre en salant et poivrant entre chaque couche.
5. Arroser d'un filet d'huile d'olive et placer au four.
6. Évider les tomates et mélanger la chair avec les champignons, l'ail, la chapelure, les herbes de Provence, du sel et du poivre.
7. Farcir les tomates du mélange, les recouvrir de leur chapeau et les déposer dans la cocotte, au-dessus du gratin.
8. Prévoir une heure de cuisson.

pour **chaque** personne

Aubergine de Provence

Ingrédients

1 **aubergine**

1 **oignon**

30 ml (2 c. à soupe) d'**huile d'olive** extra vierge

3 **tomates**

1 gousse d'**ail** écrasée

Thym

Sel, **poivre**

Méthode

1. Laver l'aubergine, la couper en 3 parties puis fendre chaque partie dans le sens de la longueur, et recouper les dos d'aubergines.
2. Hacher l'oignon.
3. Le faire revenir dans l'huile d'olive, puis ajouter les morceaux d'aubergine et les faire dorer en les retournant plusieurs fois pendant un bon quart d'heure, à feu doux.
4. Couper les tomates en dés, mélanger les morceaux à l'ail écrasé en y ajoutant le thym, le sel et le poivre, puis les ajouter aux aubergines.
5. Laisser mijoter la préparation 30 minutes à feu doux.

Note : On peut ajouter d'autres épices au choix (cumin, paprika, coriandre).

pour **2** personnes

Sauté de poivrons aux pommes de terre

Ingrédients

4 **pommes de terre**

460 ml (1 7/8 tasse) de **tomates**

1 **poivron rouge**

1 **poivron jaune**

15 ml (1 c. à soupe) d'**huile**

200 ml (7/8 tasse) d'**oignon rouge** émincé

2 gousses d'**ail** écrasées

Sel, poivre

Quelques gouttes de **sauce pimentée** (sauce Tabasco)

Méthode

1. Cuire les pommes de terre dans de l'eau bouillante.
2. Les laisser refroidir dans une passoire, puis les peler et les couper en gros morceaux.
3. Jeter les tomates dans une casserole d'eau bouillante quelques instants.
4. Les sortir et les laisser refroidir dans une passoire.
5. Les peler et les couper en quartiers.
6. Ouvrir et épépiner les poivrons. Les couper en fines lanières.
7. Dans une poêle nappée d'huile chaude, faire revenir l'oignon et l'ail jusqu'à ce qu'ils deviennent translucides.
8. Ajouter le poivron et faire sauter à feu vif pendant 1 à 2 minutes.
9. Ajouter les tomates et remuer jusqu'à ce qu'elles commencent à se dissoudre.
10. Assaisonner et ajouter un peu de sauce pimentée.
11. Retirer du feu. Servir avec les quartiers de pommes de terre.

pour **2** personnes

Laitue en purée

Ingrédients

2 grosses **laitues**

1 **oignon**

45 ml (3 c. à soupe) de **beurre**

45 ml (3 c. à soupe) de **farine**

Un peu de **muscade** râpée

750 ml (3 tasses) de **bouillon de légumes**

190 ml (¾ tasse) de **lait**

190 ml (¾ tasse) de **crème** légère

Sel, poivre blanc

Méthode

1. Hacher les laitues en lanières.
2. Les faire blanchir dans de l'eau bouillante pendant environ 5 minutes.
3. Les égoutter puis les réduire en purée au mélangeur.
4. Éplucher et hacher l'oignon.
5. Dans une casserole, faire fondre le beurre à feu doux.
6. Ajouter l'oignon et faire revenir 3 minutes.
7. Retirer du feu et ajouter la farine en la mélangeant bien.
8. Saupoudrer d'un peu de muscade.
9. Remettre sur le feu en ajoutant progressivement le bouillon de légumes et le lait.
10. Amener à ébullition.
11. Retirer du feu et ajouter la crème, le sel, le poivre et la purée de laitue.

pour **4** personnes

Chou-fleur en purée

Ingrédients

1,9 L (7 ⅔ tasses) de **chou-fleur**

625 ml (2 ½ tasses) de **pommes de terre**

750 ml (3 tasses) d'**eau**

50 ml (3 c. à soupe) de **margarine**

Sel

Méthode

1. Couper le chou-fleur et les pommes de terre en quartiers, puis les cuire à la vapeur pendant 10 minutes environ.
2. Dans un grand saladier, écraser le chou-fleur et les pommes de terre avec la margarine.
3. Assaisonner. Servir aussitôt.

pour **2** personnes

Ragoût de fenouil

Ingrédients

1 **bulbe de fenouil**

4 **pommes de terre**

1 **oignon**

1 gousse d'**ail**

45 ml (3 c. à soupe) d'**huile d'olive** extra vierge

Quelques **graines de fenouil**

300 ml (1 ¼ tasse) de **bouillon de légumes**

Sel, poivre

Méthode

1. Couper le fenouil et les pommes de terre en morceaux. Éplucher et hacher l'oignon et l'ail.
2. Faire rissoler dans une casserole profonde nappée d'huile d'olive l'ail, l'oignon et les graines de fenouil.
3. Ajouter le fenouil et les pommes de terre, les recouvrir de bouillon de légumes et assaisonner. Porter à ébullition, puis laisser mijoter 30 minutes environ.

pour **2** personnes

Gratin de boulgour

Ingrédients

2 gousses d'**ail**

4 grosses **tomates**

5 ou 6 tranches de **mie de pain**

30 ml (2 c. à soupe) d'**huile d'olive** extra vierge

5 ml (1 c. à thé) de **thym**

5 ml (1 c. à thé) d'**origan**

250 ml (1 tasse) de **boulgour**

300 ml (1 ¼ tasse) de **bouillon de légumes**

Sel, **poivre**

Méthode

1. Préchauffer le four à 350 °F (180 °C).
2. Éplucher et hacher l'ail.
3. Couper les tomates en rondelles après en avoir retiré le cœur.
4. Faire légèrement griller la mie de pain dans l'huile d'olive chaude avec une gousse d'ail hachée.
5. Dans un plat allant au four, disposer la mie de pain grillé, puis alterner avec des rondelles de tomates, de l'ail haché, du thym, de l'origan et le boulgour.
6. Terminer par des rondelles de tomates.
7. Verser ensuite le bouillon de légumes. Faire cuire 20 minutes environ. Assaisonner.

Note : Ce plat se déguste avec une salade verte.

pour **4** personnes

Purée de courgettes aux champignons

Ingrédients

1,7 L (6 7/8 tasses) de **champignons**

2 L (8 tasses) de **courgettes**

Sel, poivre

1 pincée de **muscade**

30 ml (2 c. à soupe) de **crème fraîche**

4 tranches de **pain grillé**

1 **citron**

Méthode

1. Retirer les pieds des champignons, les brosser et les tailler en rondelles.
2. Couper les courgettes en morceaux et cuire champignons et courgettes 10 minutes à la cocotte.
3. Passer au mélangeur. Saler, poivrer et ajouter la muscade et la crème fraîche.
4. Aromatiser les tranches de pain au jus de citron.

Carpaccio de pommes de terre

Ingrédients

10 **pommes de terre**

1 L (4 tasses) de **champignons de Paris**

695 ml (2 ¾ tasses) de **cresson** (ou d'une **laitue** similaire)

Sauce

2 **oranges**

250 ml (1 tasse) de **crème fraîche**

5 ml (1 c. à thé) de **safran**

30 ml (2 c. à soupe) d'**huile de noix** ou **d'olive**

Sel, poivre

Méthode

1. Mettre à cuire les pommes de terre avec leur peau dans de l'eau bouillante salée 20 minutes environ.
2. Les retirer et les réserver dans une passoire.
3. Couper les pommes terres refroidies et les champignons en fines tranches.
4. Dresser les assiettes avec les tranches de pommes de terre et de champignons.
5. Assaisonner la salade avec la sauce, puis ajouter de la salade au milieu de chaque assiette.

Préparation de la sauce

1. Presser les oranges et faire réduire leur jus de moitié dans une casserole, ajouter la crème fraîche, saupoudrer le liquide de safran et ajouter l'huile de noix.
2. Laisser refroidir. Saler et poivrer.

pour **4** personnes

Rillettes de champignons

Voir photo à la page 183

Ingrédients

1 **oignon**

1 gousse d'**ail**

675 ml (2 ¾ tasses) de **champignons de Paris**

15 ml (1 c. à soupe) de **persil** frais

30 ml (2 c. à soupe) d'**huile**

Sel, **poivre**

1 boîte de 470 ml (1 ⅞ tasse) de **haricots blancs**

5 ml (1 c. à thé) de **cumin** ou de **cannelle**

Méthode

1. Éplucher et hacher l'oignon, broyer l'ail dans un mortier.
2. Retirer les pieds des champignons. Détailler finement le persil.
3. Dans une poêle nappée d'huile, mettre à rissoler l'oignon, ajouter les champignons, l'ail et le persil.
4. Poursuivre la cuisson en remuant de temps en temps, pendant 10 minutes, jusqu'à ce que le jus des champignons se soit réduit.
5. Assaisonner. Laisser tiédir.
6. Rincer et égoutter les haricots dans une passoire.
7. Les verser dans un mélangeur, ajouter la préparation aux champignons et bien mélanger pour obtenir un mélange onctueux.
8. Verser dans un saladier, aromatiser avec l'épice choisie puis tasser le dessus avec le dos d'une cuillère.
9. Servir frais.

pour **2-3** personnes

Bouchées à la reine

Voir photo à la page 184

Ingrédients

2 gousses d'**ail**

10-15 **champignons**

30 ml (2 c. à soupe) de **persil** frais

40 ml (8 c. à thé) de **beurre**

65 g de **mascarpone** (ou d'un **fromage italien** similaire)

65 g de **gorgonzola** (ou d'un **fromage italien** similaire)

Sel, **poivre**

12 petits **vol-au-vent**

à garnir

1 **citron**

Méthode

1. Préchauffer le four à 340 °F (170 °C).
2. Éplucher et broyer l'ail dans un mortier.
3. Émincer les champignons après en avoir retiré les pieds.
4. Hacher finement le persil.
5. Placer les bouchées dans un plat allant au four.
6. Enfourner pendant 10 minutes environ.
7. Faire fondre le beurre dans une poêle.
8. Ajouter l'ail et les champignons. Les faire revenir à feu moyen jusqu'à ce qu'ils soient dorés. Baisser le feu.
9. Ajouter le persil et les deux fromages. Assaisonner au goût.
10. Bien mélanger jusqu'à ce que les fromages soient fondus.
11. Farcir les vol-au-vent de cette préparation.
12. Aromatiser éventuellement avec du jus de citron.

NOTE : Les bouchées se dégustent avec une salade de son choix.

NOTE : Les fromages italiens peuvent être remplacés par une crème 35 % ou une sauce béchamel.

pour **2** personnes

Pâté aux champignons

Ingrédients

70 ml (⅓ tasse) d'**olives noires**

145 ml (⅝ tasse) d'**oignons**

340 ml (1 ⅜ tasse) de **champignons**

110 ml (⅜ tasse + 1 c. à soupe) d'**huile d'olive** extra vierge

8 **biscottes** complètes

5 ml (1 c. à thé) d'**herbes de Provence** (ou d'**aromates** de son choix)

2 ml (¼ c. à thé) de **graines de fenouil** en poudre

1 pincée de **muscade**

105 ml (7 c. à soupe) de **levure**

Sel

Méthode

1. Dénoyauter les olives et les couper en petits morceaux. Réserver.
2. Éplucher et émincer les oignons.
3. Émincer les champignons après en avoir retiré les pieds.
4. Faire revenir les oignons et les champignons dans une poêle nappée d'huile. Les cuire ensuite à l'étouffée pendant 30 minutes environ.
5. Pendant ce temps mettre les biscottes à tremper dans de l'eau. Dès qu'elles sont bien molles, les presser fortement et les ajouter dans la cocotte.
6. Ajouter de l'huile et les aromates (herbes de Provence, graine de fenouil en poudre ou autres aromates de son choix). Saler.
7. Cuire 15 minutes de plus en remuant sans cesse.
8. Ajouter la levure et bien mélanger. Le pâté ainsi obtenu peut être passé au mélangeur.
9. Laisser refroidir dans une grande terrine.

NOTE : On peut disposer au-dessus du pâté une rondelle de citron confit.

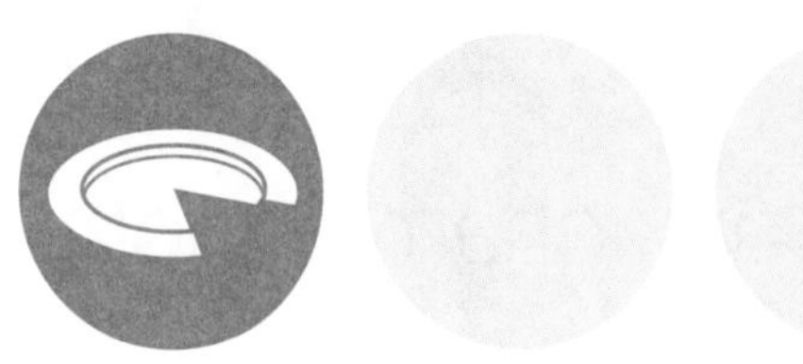

pour **5** personnes

Champignons aux pommes de terre

Ingrédients

85 ml (⅓ tasse) de **morilles séchées** (ou de **champignons** similaires)

2 ⅔ L (10 ⅔ tasses) de **chou-fleur**

585 ml (2 ⅓ tasses) de **carottes**

525 ml (2 ⅛ tasses) de **choux-raves**

1 L (4 tasses) de **pois mange-tout**

945 ml (3 ¾ tasses) de **pommes de terre** cuites

635 ml (2 ½ tasses) de **poivrons rouges**

145 ml (⅝ tasse) d'**oignons**

40 ml (8 c. à thé) de **beurre**

40 ml (8 c. à thé) de **paprika** en poudre

200 ml (⅞ tasse) de **vin rouge**

200 ml (⅞ tasse) d'**eau**

20 ml (4 c. à thé) de **bouillon de légumes**

250 ml (1 tasse) de **crème** à cuisson

Sel, poivre

Méthode

1. Faire tremper les morilles dans de l'eau froide.
2. Couper le chou-fleur en rosettes, éplucher les carottes et les couper en rondelles, couper les choux-raves en bâtonnets.
3. Les cuire avec les pois mange-tout dans de l'eau salée jusqu'à ce qu'ils deviennent croquants.
4. Couper les pommes de terre en quartiers.
5. Ouvrir et épépiner les poivrons, les détailler en quartiers.
6. Éplucher et hacher les oignons et les faire revenir dans le beurre chaud.
7. Ajouter et mettre à étuver le poivron.
8. Saupoudrer le tout de paprika, mélanger avec soin, mouiller avec le vin, puis l'eau et le bouillon.
9. Laisser mijoter un instant.
10. Ajouter la crème, porter à ébullition, puis saler et poivrer.
11. Ajouter les légumes cuits, les pommes de terre et les morilles, laisser cuire un peu.

pour **2** personnes

Tomates farcies à l'avocat

Ingrédients

375 ml (1 ½ tasse) de **riz** complet

2 **avocats** bien mûrs

4 brins de **persil**

1 ou 2 **citrons**

Sel

4 grosses **tomates** fermes

Méthode

1. Mettre le riz à cuire à l'avance dans de l'eau bouillante salée selon les indications du fabricant.
2. Réserver au réfrigérateur.
3. Couper les avocats en deux, les dénoyauter et en extraire la pulpe.
4. Dans un saladier, écraser la chair d'avocat avec une fourchette, incorporer le persil haché, le jus de citron, saler légèrement, et obtenir une purée consistante.
5. Retirer le tiers supérieur des tomates, en retirer la pulpe.
6. Farcir les tomates avec le riz froid jusqu'au bord de chaque tomate.
7. Disposer au-dessus la purée d'avocat de manière à reconstituer le chapeau de chaque tomate.
8. Servir frais, aromatisé de jus de citron.

pour **2** personnes

Terrine de légumes

Ingrédients

250 g de **pain** complet rassis

1 petit **céleri-rave**

1 gros **potimarron**

45 ml (3 c. à soupe) de **farine**

5 ml (1 c. à thé) de **muscade**

5 ml (1 c. à thé) de **cumin**

Sel, **poivre**

1 **citron**

Méthode

1. Préchauffer le four entre 350 et 400 °F (180-200 °C).
2. Mettre le pain à tremper dans de l'eau.
3. Éplucher le céleri-rave et le couper en petits morceaux. Le mettre à cuire dans une casserole avec un peu d'eau, couvrir. Procéder de même avec le potimarron dans une autre casserole.
4. Égoutter le céleri et le passer au moulin à légumes.
5. Verser la farine dans le céleri. Saler et aromatiser à la muscade. Bien mélanger.
6. Égoutter le potimarron et le passer au mélangeur.
7. Retirer le pain de l'eau, l'égoutter et le presser dans un linge.
8. L'émietter et le mélanger avec le potimarron. Aromatiser avec le cumin. Saler et poivrer au goût.
9. Prendre un moule à tarte et le huiler légèrement. Disposer dedans la moitié du potimarron en premier, le céleri-rave ensuite et le reste du potimarron. Enfourner le moule pendant 30 minutes.
10. Retirer et laisser refroidir la terrine pour la servir tiède ou froide. Aromatiser d'un filet de jus de citron.

pour **4** personnes

Couscous

Voir photo à la page 219

Ingrédients

1 **oignon** moyen

2 **carottes** pelées

2 **navets** pelés

1 **pomme de terre**

1 **courgette**

1 **poivron** rouge

30 ml (2 c. à soupe) d'**huile d'olive** extra vierge

700 ml (2 ⅞ tasses) de **bouillon de légumes**

600 ml (2 ⅓ tasses) de **pois chiches** cuits

400 ml (1 ⅝ tasse) de **sauce tomate**

1 pincée de **safran**

1 pincée de **cari**

2 ml (½ c. à thé) de **curcuma**

2 ml (½ c. à thé) de **cannelle**

545 ml (2 ¼ tasses) de **couscous**

600 ml (2 ⅓ tasses) d'**eau**

Quelques **olives noires** dénoyautées

125 ml (½ tasse) de **raisins de Corinthe**

Méthode

1. Éplucher et découper l'oignon en fines rondelles. Faire de même avec les carottes, les navets, la pomme de terre, la courgette, et le poivron.
2. Dans une grande poêle creuse nappée d'huile, faire rissoler les oignons. Ajouter le bouillon de légumes et porter à ébullition.
3. Transférer dans une grande marmite et ajouter les carottes, les navets et la pomme de terre.
4. Laisser mijoter 15 minutes. Réduire le feu, ajouter la courgette et le poivron. Cuire 20 minutes à feu doux.
5. Égoutter les pois chiches, les ajouter dans la marmite de même que la sauce tomate et les épices. Poursuivre la cuisson jusqu'à ce que le tout soit chaud.
6. Dans une autre casserole, porter 600 ml d'eau à ébullition.
7. Ajouter le couscous, couvrir et ôter du feu. Laisser reposer 5-7 minutes, aérer avec une fourchette et servir en disposant les légumes par-dessus et les olives.
8. Décorer avec les raisins de Corinthe.

pour 4 personnes

Petits pois aux tomates confites

Ingrédients

655 ml (2 ⅝ tasses) de **tomates**

30 ml (2 c. à soupe) d'**huile d'olive** extra vierge

10 ml (2 c. à thé) de **sucre**

2 pincées de **thym**

2 gousses d'**ail**

2 ½ L (10 tasses) de **petits pois frais**

1 **bouquet garni**

Sel, poivre

10 brins de **persil**

Méthode

1. Préchauffer le four à 195 °F (90 °C).
2. Couper les tomates en deux, les épépiner et en retirer les cœurs. Les disposer sur un plat allant au four recouvert de papier aluminium.
3. Arroser d'huile d'olive. Saupoudrer de sucre, puis de thym effeuillé, enfourner et mettre à confire pendant 40 minutes.
4. Sortir les tomates du four, les retourner, les arroser de leur jus et remettre au four pendant 30 minutes de plus.
5. Éplucher l'ail.
6. Verser les petits pois dans une grande casserole avec les gousses d'ail et le bouquet garni
7. Couvrir d'eau froide et porter à ébullition puis laisser cuire 35 minutes.
8. Retirer du feu, saler, poivrer et mettre à égoutter dans une passoire. Retirer les gousses d'ail et le bouquet garni, verser les petits pois dans un plat creux, ajouter les tomates et leur jus.
9. Rectifier l'assaisonnement, décorer de persil ciselé.

Fettuccine aux haricots verts
(voir recette à la page 16)

Spaghettis **aux coquilles Saint-Jacques**
(voir recette à la page 19)

Spaghettis **alla puttanesca**
(voir recette à la page 20)

Spaghettis **aux cèpes**
(voir recette à la page 21)

Aiglefin **en lasagne**
(voir recette à la page 22)

Fettuccine **aux courgettes**
(voir recette à la page 24)

Tagliatelles **au saumon fumé**
(voir recette à la page 25)

Tagliatelles **aux pétoncles**
(voir recette à la page 27)

pour **4** personnes

Paella végétalienne

Ingrédients

250 ml (1 tasse) de **riz** biologique complet

Sel

655 ml (2 ⅝ tasses) de **tomates**

255 ml (1 tasse) de **haricots verts**

360 ml (1 ½ tasse) de **petits pois frais**

485 ml (1 ⅞ tasse) de **carottes**

10 petits **oignons verts**

845 ml (3 ⅜ tasses) de **champignons de Paris**

2 **poivrons rouges**

15 ml (1 c. à soupe) d'**ail** émincé

15 ml (1 c. à soupe) de **persil** frais

1 pincée de **safran**

175 ml (¾ tasse) d'**olives noires** dénoyautées

15 ml (1 c. à soupe) d'**huile d'olive** extra vierge

250 ml (1 tasse) de **raisins de Corinthe**

Méthode

1. Cuire le riz dans de l'eau bouillante salée selon les indications du fabricant.
2. Éplucher les tomates, les peler puis les couper en morceaux.
3. Couper en deux les haricots verts.
4. Éplucher les carottes et les couper en dés.
5. Éplucher les oignons et les trancher en fines rondelles.
6. Émincer les champignons de Paris après en avoir retiré les pieds.
7. Ouvrir les poivrons, les épépiner et les couper en fines lanières.
8. Éplucher et hacher l'ail, ciseler le persil.
9. Mettre successivement dans une cocotte les tomates, les oignons, l'ail, les haricots, les carottes, les petits pois, les poivrons, les champignons, le riz cuit et le safran.
10. Faire cuire à feu très doux pendant 2 h 30 min. Avant la fin de la cuisson, ajouter les olives.
11. Avant de servir, ajouter l'huile d'olive et rectifier l'assaisonnement.
12. Décorer avec les raisins de Corinthe.

pour **chaque** personne

Aubergines en gratin

Ingrédients

1 **aubergine**

30 ml (2 c. à soupe) d'**huile d'olive** extra vierge

250 ml (1 tasse) de **fromage** râpé (parmesan, cheddar...)

Sauce

2 gousses d'**ail**

250 ml (1 tasse) de **sauce tomate**

2 ml (½ c. à thé) d'**origan**

2 ml (½ c. à thé) d'**épices de son** choix (curcuma, cumin, paprika...)

Sel, **poivre**

Méthode

1. Préchauffer le four à 400 °F (200 °C).
2. Couper l'aubergine en 4 tranches égales. Déposer les rondelles d'aubergine dans une poêle nappée d'huile chaude et faire cuire environ 1 minute de chaque côté.
3. Déposer au fond de deux bols allant au four une rondelle d'aubergine.
4. Verser le ¼ de la sauce sur chaque tranche d'aubergine et déposer une seconde tranche par-dessus.
5. Étendre le reste de la sauce et parsemer de fromage râpé.
6. Faire gratiner 3 ou 4 minutes.

Préparation de la sauce

1. Éplucher et broyer l'ail dans un mortier.
2. Mélanger la sauce tomate, l'ail, l'origan, les épices, le sel et le poivre.

pour **2** personnes

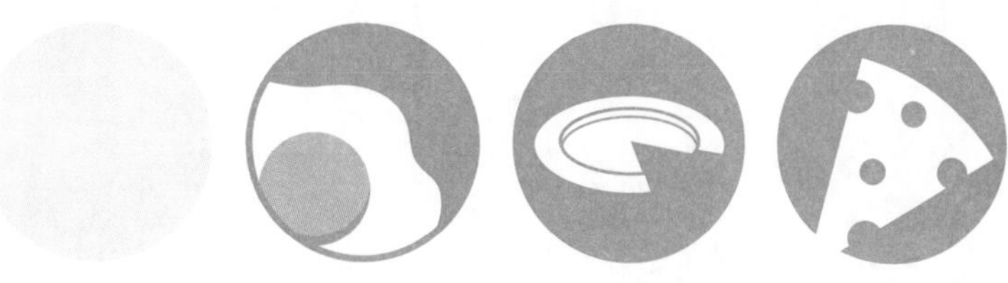

Salade d'épinards

Ingrédients

2,7 L (10 ⅔ tasses) d'**épinards**

30 ml (2 c. à soupe) d'**huile d'olive** extra vierge

2 **œufs**

1 gousse d'**ail**

340 ml (1 ⅜ tasse) de **champignons**

10 ml (2 c. à thé) de **vinaigre de cidre** (ou de **vin blanc**)

Sel, poivre

315 ml (1 ¼ tasse) de **féta** émietté

Méthode

1. Faire revenir rapidement les épinards à la poêle pendant 1 à 2 minutes, à feu vif, dans un filet d'huile d'olive.
2. Cuire les œufs 8 minutes dans de l'eau bouillante, enlever la coquille et les hacher.
3. Éplucher l'ail et l'écraser dans un mortier.
4. Retirer le pied des champignons et les hacher en tranches.
5. Dans un saladier, mélanger l'huile d'olive, l'ail, le vinaigre, le sel et le poivre.
6. Ajouter les autres ingrédients et remuer.

pour 2 personnes

Chou rouge à l'ail et aux vinaigres

Ingrédients

1 **échalote**

2 gousses d'**ail**

2 **choux rouges**

10 ml (2 c. à thé) d'**huile d'olive** extra vierge

30 ml (2 c. à soupe) de **vinaigre balsamique**

5 ml (1 c. à thé) de **vinaigre de framboise**

Sel, poivre

5 ml (1 c. à thé) de **persil** frais haché

Méthode

1. Éplucher l'échalote et l'émincer.
2. Éplucher et hacher l'ail.
3. Couper le chou rouge en fines lamelles et retirer les plus grosses côtes.
4. Faire revenir l'ail et l'échalote dans une poêle nappée d'huile, puis ajouter le chou.
5. Poursuivre la cuisson 2 minutes en remuant de temps en temps.
6. Ajouter les deux vinaigres, saler et poivrer. Bien mélanger dans la poêle.
7. Couvrir et laisser mijoter 15 minutes en remuant de temps à autre.
8. Avant de servir, rectifier l'assaisonnement et décorer de persil.

pour **4** personnes

Chou-fleur au cari

Ingrédients

710 ml (2 ⅞ tasses) de **pommes de terre**

1 **chou-fleur**

2 ou 3 **tomates**

90 ml (6 c. à soupe) d'**huile d'olive** extra vierge

5 ml (1 c. à thé) de **curcuma moulu**

2 ml (½ c. à thé) de **poudre de chili**

10 ml (2 c. à thé) de **cumin moulu**

5 ml (1 c. à thé) de **sel**

1 pincée de **sucre**

275 ml (1 ⅛ tasse) d'**eau**

Un peu de **beurre**

Méthode

1. Éplucher les pommes de terre et les couper en quatre.
2. Couper le chou-fleur en gros quartiers.
3. Couper les tomates et les hacher.
4. Mettre à dorer les pommes de terre dans une marmite à feu moyen nappée d'huile d'olive. Réserver.
5. Faire frire les morceaux de chou-fleur jusqu'à ce qu'ils soient dorés. Réserver.
6. Mettre dans la marmite le curcuma, le piment, le cumin, le sel et le sucre. Bien mélanger.
7. Ajouter les tomates et faire frire le tout pendant 1 minute.
8. Ajouter l'eau et faire bouillir.
9. Ajouter les pommes de terre, couvrir et faire cuire 10 minutes.
10. Ajouter le chou-fleur, couvrir et faire cuire encore 5 à 7 minutes jusqu'à ce que les pommes de terre et le chou-fleur deviennent tendres.
11. Ajouter le beurre.

Note : Ce plat peut être servi avec du riz ou des lentilles.

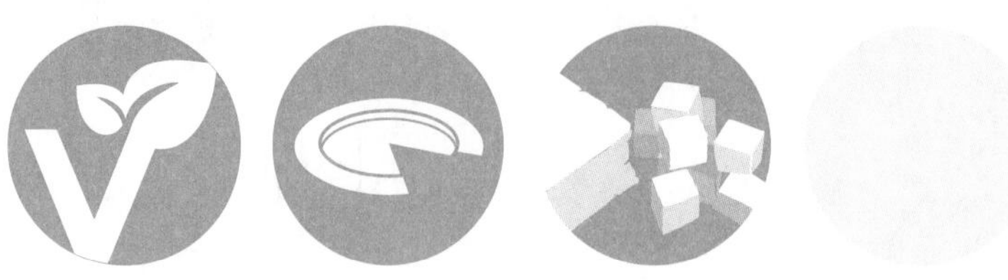

pour **2** personnes

Légumes aux champignons

Ingrédients

1 **poivron vert**

340 ml (1 ⅜ tasse) de **champignons**

1 **oignon**

1 gousse d'**ail**

2 **carottes**

30 ml (2 c. à soupe) d'**huile d'olive** extra vierge

2 cm de **gingembre** frais haché

250 ml (1 tasse) de **bouillon de légumes**

45 ml (3 c. à soupe) de **sauce soya**

15 ml (1 c. à soupe) de **fécule de maïs** délayée dans un peu d'eau

355 ml (1 ⅜ tasse) de **germes de soya**

Quelques gouttes d'**huile de sésame**

Méthode

1. Émincer le poivron vert après l'avoir épépiné.
2. Émincer les champignons après en avoir coupé les pieds.
3. Éplucher l'oignon et l'émincer.
4. Éplucher et hacher l'ail.
5. Éplucher les carottes et les couper en fines lamelles.
6. Faire rissoler l'oignon, l'ail et le gingembre dans une poêle nappée d'huile.
7. Ajouter les légumes (sauf les germes de soya) et les faire revenir quelques instants.
8. Ajouter le bouillon, la sauce soya et porter à ébullition.
9. Verser la fécule délayée petit à petit pour lier la sauce.
10. Ajouter en dernier lieu les germes de soya et laisser cuire un bref instant.
11. Parfumer avec quelques gouttes d'huile de sésame.

Note : Ce plat peut se déguster avec du riz.

pour **2** personnes

Millet au sésame

Ingrédients

1 gousse d'**ail**

10 **olives noires**

1 cube de **bouillon de légumes**

140 ml (½ tasse + 1 c. à soupe) de **millet**

280 ml (1 ⅛ tasse) d'**eau** bouillante

15 ml (1 c. à soupe) d'**huile d'olive** extra vierge

50 ml (3 c. à soupe) de **margarine**

Levure

Gomasio (condiment de sésame)

Ciboulette

Quelques **fines herbes** au choix

Paprika en poudre

Méthode

1. Éplucher et hacher l'ail.
2. Dénoyauter les olives.
3. Jeter dans l'eau le cube de bouillon et y verser le millet.
4. Cuire pendant 25 minutes à couvert, à feu doux, jusqu'à ce que l'eau soit absorbée.
5. Retirer du feu, ajouter l'huile et la margarine. Bien remuer.
6. Ajouter ensuite la levure, le gomasio, l'ail et les fines herbes. Mélanger bien le tout.
7. Décorer le plat d'olives noires et parfumer de paprika.

pour **4-6** personnes

Ratatouille

Ingrédients

295 ml (1 ¼ tasse) d'**oignons**

3 gousses d'**ail**

2 **poivrons rouges**

1 **poivron jaune**

2 L (8 tasses) de **courgettes**

1,7 L (10 ⅔ tasses) d'**aubergines**

105 ml (7 c. à soupe) d'**huile d'olive** extra vierge

920 ml (3 ⅔ tasses) de **tomates en grappe**

1 branche de **thym**

1 **feuille de laurier**

Sel, poivre

Méthode

1. Éplucher et hacher l'oignon et l'ail.
2. Trancher les poivrons en quatre et les épépiner.
3. Couper les tomates en quartiers et en retirer les cœurs.
4. Couper les extrémités des courgettes et des aubergines. Détailler tous les légumes en petits morceaux.
5. Dans une poêle nappée d'huile, faire revenir les aubergines pendant 5 minutes. Réserver.
6. Mettre à sauter les courgettes dans la poêle en ajoutant 15 ml (1 c. à soupe) d'huile. Réserver. Faire de même avec les poivrons.
7. Dans une cocotte nappée d'huile, faire revenir les oignons jusqu'à ce qu'ils soient translucides. Ajouter les tomates en remuant.
8. Ajouter ensuite tous les légumes déjà revenus et cuire à feu vif pendant 5 minutes. Saler et poivrer.
9. Couvrir, baisser le feu et laisser mijoter 30 minutes.
10. Ajouter l'ail, remuer, rectifier l'assaisonnement et poursuivre la cuisson encore 10 minutes.

Note: *Ce plat peut se déguster avec du riz ou de la semoule.*

pour **2** personnes

Taboulé nature

Ingrédients

4 **oignons**

185 ml (¾ tasse) d'**eau**

250 ml (1 tasse) de **boulgour**

3 **tomates** moyennes hachées

145 ml (⅝ tasse) de **ciboulette** fraîche

145 ml (½ tasse + 1 c. à soupe + 1 c. à thé) de **menthe** fraîche

395 ml (1 ⅝ tasse) de **persil** frais

1 L (4 tasses) de **basilic** frais

60 ml (4 c. à soupe) d'**huile d'olive** extra vierge

1 **citron**

Sel

Méthode

1. Éplucher et hacher finement les oignons.
2. Dans un bol, verser l'eau bouillante sur le boulgour et laisser reposer 15 minutes de manière que toute l'eau soit absorbée.
3. Couper les tomates en quartiers, après en avoir retiré les cœurs.
4. Hacher finement la ciboulette, la menthe et le persil.
5. Mélanger dans un saladier tous les ingrédients et bien remuer.
6. Assaisonner au goût. Garder au frais jusqu'au moment de servir.

pour **2** personnes

Potimarron en purée

Ingrédients

1 petit **potimarron**

6 **pommes de terre**

125 ml (½ tasse) de **lait de soya**

30 ml (2 c. à soupe) d'**huile d'olive** extra vierge

Sel, **poivre**

Méthode

1. Couper le potimarron en gros quartiers, éplucher les pommes de terre et cuire les légumes à la vapeur.
2. Retirer le potimarron cuit, l'éplucher, retirer la chair et la passer au moulin à légumes.
3. Procéder de la même façon pour les pommes de terre.
4. Mélanger puis servir en ajoutant du lait de soya et un peu d'huile d'olive pour obtenir la consistance désirée.
5. Saler et poivrer.

pour **3-4** personnes

Salade de haricots

Ingrédients

515 ml (2 tasses) de **haricots verts**

20-30 **tomates cerises**

60 g de **parmesan** frais

5 feuilles de **menthe** fraîche

Sel, **poivre**

1 **citron**

Méthode

1. Retirer la queue des haricots puis les cuire à la vapeur pendant 10 minutes environ.
2. Les égoutter dans une passoire et les passer sous l'eau froide.
3. Couper les tomates cerises en deux.
4. Détailler le parmesan en copeaux.
5. Ciseler la menthe en lanières.
6. Déposer les haricots, les tomates, le parmesan puis la menthe par couches successives dans un saladier. Saler et poivrer.
7. Aromatiser de jus de citron.

Chaussons, cakes, pizzas, soufflés,etc.

pour 2 personnes

Soufflé de courge

Ingrédients

2 **courges** de grosseur moyenne

4 **œufs**

30 ml (2 c. à soupe) de **miel**

5 ml (1 c. à thé) de **cannelle**

1 ml (¼ c. à thé) de **muscade**

Méthode

1. Préchauffer le four à 350 °F (180 °C).
2. Diviser chaque courge, les évider en retirant leurs graines et leur membrane.
3. Les disposer dans un plat allant au four et les faire cuire 30 minutes jusqu'à ce que la pulpe s'enlève facilement à la cuillère, mais reste un peu ferme.
4. Retirer du four et laisser refroidir.
5. Retirer la pulpe des courges de façon à obtenir environ 375 ml (1 ½ tasse) de pulpe et en laissant à l'intérieur une épaisseur de 0,5 à 1 cm.
6. Séparer les blancs des jaunes d'œufs.
7. Passer au mélangeur la pulpe des courges avec les jaunes d'œufs, le miel et les épices. Réserver.
8. Dans un bol, battre les blancs d'œufs en neige ferme. Les incorporer délicatement au mélange.
9. Déposer les courges évidées dans un plat de cuisson.
10. Remplir chaque cavité du mélange préparé.
11. Enfourner et faire cuire pendant 30 minutes.

pour **2** personnes

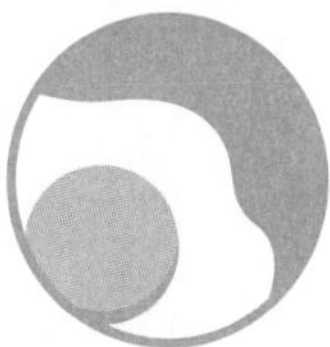

Soufflé au fromage

Voir photo à la page 180

Ingrédients

60 ml (¼ tasse) de **beurre**

30 ml (2 c. à soupe) de **chapelure**

45 ml (3 c. à soupe) de **farine**

150 ml (⅝ tasse) de **lait**

150 ml (⅝ tasse) de **crème 15 %**

2 ml (½ c. à thé) de **thym**

1 pincée de **muscade**

5 ml (1 c. à thé) de **moutarde**

5 **œufs** frais

175 g de **fromage à pâte dure**

Sel, poivre

Méthode

1. Préchauffer le four à 400 °F (200 °C).
2. Choisir un moule à soufflé de 15 cm de diamètre pouvant contenir 900 ml.
3. Beurrer l'intérieur du moule, le recouvrir de chapelure et le mettre au réfrigérateur.
4. Dans une casserole, faire fondre le beurre, ajouter la farine et faire cuire 1 minute en remuant sans cesse.
5. Retirer la casserole du feu et ajouter progressivement le lait et la crème en mélangeant bien. Faire cuire à feu doux pendant 5 minutes sans cesser de remuer.
6. Retirer du feu, ajouter le thym, la muscade, la moutarde, le poivre, 2 jaunes d'œufs et râper le fromage par-dessus. Bien mélanger.
7. Dans un grand récipient, verser 3 blancs d'œufs et le sel. Battre en neige ferme.
8. Incorporer les œufs en neige au mélange de la casserole.
9. Verser l'ensemble dans le moule à soufflé. Enfourner et laisser cuire 40 minutes, jusqu'à ce que le soufflé soit bien gonflé.

NOTE : Ce plat est excellent servi avec une salade verte.

Pâté indien

Ingrédients

30 ml (2 c. à thé) d'**huile d'olive** extra vierge

350 g de **tofu**

1 **oignon** haché

3 grosses **pommes de terre** pelées, cuites

1 **blanc d'œuf**

5 ml (1 c. à thé) de **beurre**

Une pincée de **muscade**

2 ml (½ c. à thé) de **cari**

Sel, poivre

5 ml (1 c. à thé) de **paprika**

250 ml (1 tasse) de **carottes** râpées

5 ml (1 c. à thé) de **persil** frais haché

Un peu de **sauce tamari**

Méthode

1. Préchauffer le four à 350 °F (180 °C).
2. Dans une poêle antiadhésive, faire chauffer l'huile d'olive à feu vif .
3. Émietter le tofu, émincer l'oignon et les faire revenir ensemble dans l'huile pendant 5 minutes.
4. Cuire les pommes de terre dans de l'eau bouillante et les égoutter.
5. Les réduire en purée avec le blanc d'œuf, le beurre, la muscade et le cari. Saler et poivrer puis réserver.
6. Retirer le tofu du feu et ajouter le paprika. Saler et poivrer de nouveau.
7. Disposer le tofu dans un plat allant au four.
8. Couvrir de carottes râpées et de purée de pommes de terre.
9. Cuire au four 15 minutes.
10. Avant de servir, décorer de persil et ajouter un peu de sauce tamari.

Beignets de pommes de terre

Ingrédients

4 **pommes de terre**

2 gousses d'**ail**

45 ml (3 c. à soupe) de **coriandre** fraîche ou de **persil** plat frais

3 **échalotes** hachées

30 ml (2 c. à soupe) de **farine**

2 **œufs**

Sel, poivre

30 ml (2 c. à soupe) de **beurre**

30 ml (2 c. à soupe) d'**huile d'olive** extra vierge

Méthode

1. Peler et râper les pommes de terre, les rincer à l'eau froide et les égoutter sur une serviette.
2. Écraser l'ail, hacher la coriandre et les échalotes.
3. Dans un saladier, mélanger tous les ingrédients sauf le beurre et l'huile.
4. Faire chauffer l'huile et le beurre dans une poêle à feu doux.
5. Déposer 3 à 5 cuillerées à soupe de la préparation à beignets dans la poêle, bien aplatir à la spatule et cuire les beignets pendant 3 à 4 minutes de chaque côté.

NOTE : Il est naturellement possible de façonner les beignets à la main avant de les jeter dans l'huile chaude. Les beignets peuvent être servis avec une crème de son choix, de la salade ou des tomates.

pour **2** personnes

Tartines à l'aubergine

Ingrédients

1 **aubergine**

Herbes, **épices** de son choix

30 ml (2 c. à soupe) d'**huile d'olive** extra vierge

½ **oignon**

350 g de **tofu**

Sel, **poivre**

2 grandes tranches de **pain de campagne**

½ boule de **mozzarella**

Méthode

1. Préchauffer le four à 400 °F (200 °C).
2. Laver puis couper l'aubergine en deux, la faire cuire au four avec les herbes. Réserver la chair cuite.
3. Dans une poêle antiadhésive, faire chauffer à feu vif l'huile d'olive.
4. Couper finement l'oignon, le faire blondir dans la poêle.
5. Ajouter le tofu puis la chair de l'aubergine hachée.
6. Saler, poivrer puis disposer sur une plaque allant au four les tranches de pain et étaler le mélange sur une bonne épaisseur.
7. Parsemer de lanières de mozzarella et faire gratiner au four.

Note : *Les tartines peuvent être dégustées avec une salade ou des tomates.*

pour **2** personnes

Soufflé au pâtisson

Ingrédients

1 **pâtisson** ou une **courge** de taille moyenne

3 **œufs**

20 ml (4 c. à thé) de **beurre**

45 ml (3 c. à soupe) de **fécule de maïs**

Sel, poivre

1 pointe de **piment**

Méthode

1. Préchauffer le four à 400 °F (200 °C).
2. Faire cuire le pâtisson dans de l'eau salée environ 30 minutes.
3. Découper son extrémité et ôter la chair du pâtisson cuit puis épépiner.
4. Écraser la chair jusqu'à obtenir une purée bien homogène. Réserver le corps du pâtisson.
5. Séparer les blancs et les jaunes d'œufs dans deux bols.
6. Dans une casserole, faire fondre le beurre, ajouter la fécule de maïs et faire cuire quelques minutes.
7. Retirer du feu, ajouter les jaunes d'œuf, puis la purée de pâtisson.
8. Saler, poivrer et ajouter le piment.
9. Battre les blancs d'œufs en neige et les incorporer à la préparation.
10. Farcir le corps du pâtisson de ce mélange.
11. Enfourner pendant 35 minutes.

pour **2** personnes

Galettes de sarrasin

Ingrédients

15 ml (1 c. à soupe) de **farine de soya**

30 ml (2 c. à soupe) de **farine de blé**

680 ml (2 ¾ tasse) de **farine de sarrasin**

Sel marin

1 L (4 tasses) d'**eau**

30 ml (2 c. à soupe) d'**huile d'olive** extra vierge

Une pincée de **muscade**

Au choix: **champignons**, **aubergines**, **tomates**

Méthode

1. Verser les trois farines dans un récipient.
2. Ajouter le sel et l'eau et pétrir jusqu'à obtenir une pâte épaisse et onctueuse.
3. Dans une poêle antiadhésive, faire chauffer à feu vif l'huile d'olive.
4. Verser l'équivalent d'une petite louche de pâte dans la poêle. Ajouter un peu de muscade.
5. Faire cuire de chaque côté à feu vif. Saler à son goût.
6. Les galettes peuvent êtres agrémentées de champignons cuits, d'oignons rissolés, d'aubergines cuites, de tomates fraîches.

pour **3-4** personnes

Omelette de pommes de terre

Ingrédients

1 gousse d'**ail**

6 **pommes de terre**

30 ml (2 c. à soupe) de **farine**

125 ml (½ tasse) de **lait de soya**

Ciboulette

Sel, poivre

30 ml (2 c. à soupe) d'**huile d'olive** extra vierge

Méthode

1. Hacher finement l'ail.
2. Râper les pommes de terre au-dessus d'une casserole, y ajouter la farine.
3. Battre cette préparation comme une omelette en ajoutant de temps en temps le lait de soya et veiller à obtenir une pâte homogène.
4. Ajouter la ciboulette, l'ail, le sel et le poivre au goût.
5. Dans une poêle antiadhésive, faire chauffer l'huile d'olive à feu vif.
6. Verser le mélange dans la poêle. Étaler la préparation au fond de la poêle en se servant d'une spatule.
7. Quand le dessous commence à dorer, replier en omelette et servir.

Note : Cette omelette peut être préparée en ajoutant des œufs battus aux pommes de terre, le tout servi avec une salade.

Galettes d'avoine

Ingrédients

1 **oignon** haché

1 **tomate** en dés

45 ml (3 c. à soupe)
de **levure de bière**

200 ml (⅞ tasse) de **flocons d'avoine**

Farine

Paprika

Eau

30 ml (2 c. à soupe) d'**huile d'olive** extra vierge

Chapelure

Méthode

1. Sortir la pâte du réfrigérateur et y ajouter de la farine pour la rendre un peu plus sèche.
2. La pétrir et la façonner en forme de petites boules avec un peu de chapelure, puis les aplatir en galettes.
3. Dans une poêle antiadhésive, faire chauffer à feu vif l'huile d'olive et faire rissoler les galettes de chaque côté.
4. Hacher finement l'oignon.
5. Couper les tomates en dés.
6. Mélanger dans un saladier les légumes, la levure de bière, les flocons d'avoine, la farine, un peu de paprika en y ajoutant de l'eau pour obtenir une pâte épaisse et homogène.
7. Laisser dans le réfrigérateur quelques heures.

pour **2** personnes

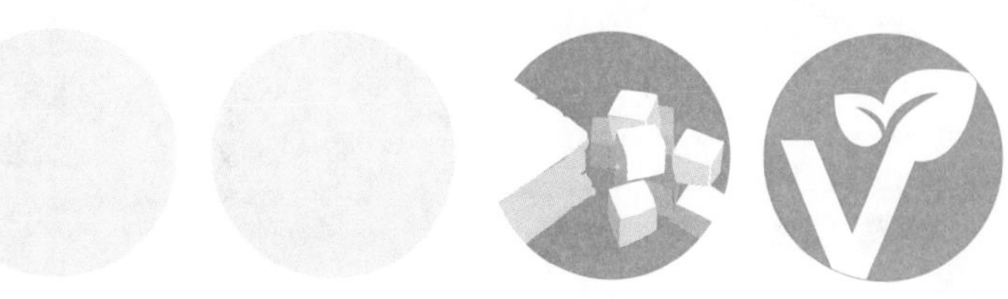

Pizza aux légumes

Voir photo à la page 181

Ingrédients

Au choix pour la garniture : **maïs**, **courgettes**, **tofu** grillé, **brocoli**, **tomates**

Pâte

475 ml (1 ¾ tasse + 3 c. à soupe) de **farine**

150 ml (⅝ tasse) d'**eau**

1 sachet de **levure boulangère**

30 ml (2 c. à soupe) d'**huile d'olive** extra vierge

Sauce

4 **tomates**

1 **oignon** émincé

1 **poivron** coupé en gros morceaux

250 ml (1 tasse) de **champignons** tranchés

Sel, **poivre**

Épices au choix (**cumin**, **piment**, **curcuma**...)

Méthode

1. Cuire à l'eau (ou dans une poêle) les légumes qui composeront la pizza (maïs, courgettes, tofu grillé, brocoli, tomates, au choix).
2. Reprendre la pâte et l'étaler sur une plaque huilée.
3. Ajouter la sauce tomate puis les légumes sélectionnés.
4. Enfourner pendant 30 à 45 minutes.

Préparation de la pâte

1. Préchauffer le four à 350-425 °F (180-210 °C).
2. Verser la farine dans un saladier, y creuser un puits et y verser l'eau et la levure. Mélanger et attendre une dizaine de minutes afin que la levure se réhydrate.
3. Ajouter l'huile d'olive et le sel. Pétrir la pâte de manière à ce qu'elle devienne homogène et qu'elle ne colle plus.
4. Disposer la pâte dans un endroit tiède et sec pour la laisser lever.

Préparation de la sauce

1. Cuire les tomates dans de l'eau bouillante pendant quelques minutes et les laisser refroidir sur un torchon pour ensuite enlever la peau facilement.
2. Les découper en petits morceaux et les faire revenir à la poêle avec l'oignon, le poivron, les champignons, et assaisonner de sel, poivre et épices.

pour **2** personnes

Pizza aux poivrons

Ingrédients

1 gousse d'**ail**

1 bouquet de **basilic**

3 **poivrons rouges** ou **verts**

5 ml (1 c. à thé) d'**origan**

Pâte

475 ml (1 ¾ tasse + 3 c. à soupe) de **farine**

30 ml (2 c. à soupe) d'**huile d'olive** extra vierge (ou de **beurre**)

10 ml (2 c. à thé) d'**eau tiède**

Méthode

1. Émincer l'ail.
2. Passer au mélangeur le basilic avec l'huile d'olive et l'ail.
3. Découper les poivrons en lanières.
4. Choisir une plaque à pizza, la huiler et étendre la pâte dessus.
5. Faire rissoler les poivrons dans une poêle chaude.
6. Étendre sur la pâte le basilic mélangé, répartir les morceaux de poivron et saupoudrer d'origan.
7. Faire cuire 20 minutes.

Préparation de la pâte

1. Préchauffer le four à 465 °F (240 °C).
2. Verser la farine et le sel dans un saladier, creuser un puits et y ajouter l'huile d'olive.
3. Pétrir la farine en versant un peu d'eau tiède de manière à obtenir une pâte homogène.
4. Laisser reposer.

Note : La pâte peut être remplacée par 250 g de pâte à tarte.

pour 2-3 personnes

Tarte de lentilles corail

Ingrédients

2 **oignons**

Graines de cumin

Graines de moutarde

Cari

Sel, poivre

250 ml (1 tasse) de **lentilles corail**

500 ml (2 tasses) d'**eau**

1 bouquet de **persil** haché

150 ml (⅝ tasse) de **yogourt au soya** nature

Pâte

475 ml (1 ¾ tasse + 3 c. à soupe) de **farine**

60 ml (¼ tasse) de **beurre**

30 ml (2 c. à soupe) d'**huile d'olive** extra vierge

Méthode

1. Dans une poêle antiadhésive, faire chauffer l'huile d'olive à feu vif.
2. Émincer les oignons et les faire rissoler dans l'huile.
3. Laisser mijoter pendant 30 minutes.
4. Pendant ce temps, faire rissoler les graines de cumin et de moutarde avec le cari et le poivre, puis ajouter les lentilles et enfin l'eau.
5. Porter à ébullition puis laisser mijoter 20 minutes environ.
6. Mélanger le persil au yogourt, l'ajouter, ainsi que les oignons rissolés, aux lentilles cuites.
7. Étaler la pâte dans un moule, la garnir de la préparation et enfourner 30 minutes.

Préparation de la pâte

1. Préchauffer le four à 350 °F (180 °C).
2. Verser la farine et le sel dans un saladier, creuser un puits et y ajouter de petits morceaux de beurre.
3. Pétrir la farine en versant un peu d'eau tiède de manière à obtenir une pâte homogène.

Note : *La pâte peut être remplacée par 250 g de pâte à tarte.*

pour **2** personnes

Tarte aux carottes

Ingrédients

750 ml (3 tasses) de **carottes**

2 **yogourts de soya** nature

2 ml (½ c. à thé) de **coriandre moulue**

Pâte

475 ml (1 ¾ tasse + 3 c. à soupe) de **farine**

2 ml (½ c. à thé) de **sel**

10 ml (2 c. à thé) d'**huile d'olive** extra vierge

10 ml (2 c. à thé) d'**eau tiède**

Méthode

1. Râper les carottes.
2. Verser les yogourts de soya dans un grand bol, y ajouter la coriandre moulue et du sel au goût. Fouetter les yogourts.
3. Ajouter les carottes.
4. Verser la préparation sur la pâte et l'aplatir à l'aide d'une spatule en bois.
5. Faire cuire à four moyen environ 20 minutes.

Préparation de la pâte

1. Verser la farine et le sel dans un saladier, creuser un puits et y ajouter l'huile d'olive.
2. Pétrir la farine en versant un peu d'eau tiède de manière à obtenir une pâte homogène.
3. Laisser reposer.

Note : La pâte peut être remplacée par 250 g de pâte à tarte.

pour **2** personnes

Tarte aux poireaux

Ingrédients

2 L (8 tasses) de **poireaux**

30 ml (2 c. à soupe) d'**huile d'olive** extra vierge

2 **baies de genièvre**

Cari

Herbes de Provence

125 g de **tofu fumé**

Pâte

310 ml (1 ¼ tasse) de **farine**

10 ml (2 c. à thé) d'**huile d'olive** extra vierge ou de **beurre**

10 ml (2 c. à thé) d'**eau tiède**

Méthode

1. Verser l'huile d'olive dans une casserole et faire chauffer doucement.
2. Couper les poireaux en morceaux de 2 à 3 cm de long. Mettre dans la poêle les poireaux poignée par poignée, remuer, verser un peu d'eau si cela est nécessaire.
3. Épicer au goût: baies de genièvre, sel, cari.
4. Couvrir et laisser cuire à l'étouffée 10 minutes.
5. Pendant ce temps, étaler la pâte dans un moule huilé, saupoudrer d'herbes de Provence.
6. Couper le tofu en petits dés.
7. Mélanger le tofu avec les poireaux.
8. Garnir la pâte de la préparation.
9. Mettre au four environ 20 minutes, jusqu'à ce que la pâte soit bien cuite.

Préparation de la pâte

1. Verser la farine et le sel dans un saladier, creuser un puits et y ajouter l'huile d'olive.
2. Pétrir la farine en versant un peu d'eau tiède de manière à obtenir une pâte homogène.
3. Laisser reposer.

Note : La pâte peut être remplacée par 250 g de pâte à tarte.

pour 2 personnes

Quiche aux poireaux

Voir photo à la page 135

Ingrédients

2 **poireaux**

90 ml (6 c. à soupe) d'**huile d'olive** extra vierge

1 **oignon**

3 **œufs**

100 ml (⅓ tasse + 1 c. à soupe) de **lait**

30 ml (2 c. à soupe) de **crème fraîche**

Sel, poivre

Pâte

310 ml (1 ¼ tasse) de **farine**

10 ml (2 c. à thé) d'**huile d'olive** extra vierge ou de **beurre**

10 ml (2 c. à thé) d'**eau tiède**

Méthode

1. Choisir un moule à tarte de 28 cm de diamètre.
2. Préchauffer le four à 400 °F (200 °C).
3. Étaler dedans la pâte à tarte.
4. Piquer la pâte avec une fourchette.
5. Émincer les poireaux.
6. Dans une poêle antiadhésive, faire chauffer à feu vif 30 ml (2 c. à soupe) d'huile d'olive.
7. Émincer l'oignon et le faire rissoler avec les poireaux jusqu'à ce qu'ils soient tendres et légèrement dorés.
8. Dans un grand saladier, battre les œufs avec le lait et la crème fraîche.
9. Saler, poivrer, ajouter les légumes et bien mélanger.
10. Verser le mélange sur le fond de tarte.
11. Faire cuire environ 40 minutes, jusqu'à ce que la quiche soit dorée sur le dessus.

Préparation de la pâte

1. Verser la farine et le sel dans un saladier, creuser un puits et y ajouter de petits morceaux de beurre.
2. Pétrir la farine en versant un peu d'eau tiède de manière à obtenir une pâte homogène.

Note : La pâte peut être remplacée par 250 g de pâte à tarte.

pour **4** personnes

Quiche de courgettes

Ingrédients

1 L (4 tasses) de **courgettes**

30 ml (2 c. à soupe) d'**huile d'olive** extra vierge

1 **oignon**

2 **œufs**

20 ml (4 c. à thé) de **crème**

70 g de **fromage blanc**

Sel, **poivre**

100 g de **comté** (fromage au lait cru)

1 pincée de **muscade**

Pâte

310 ml (1 ¼ tasse) de **farine**

70 ml (⅓ tasse) de **beurre**

Eau tiède

Méthode

1. Choisir un moule à tarte de 28 cm de diamètre.
2. Préchauffer le four à 350 °F (180 °C).
3. Huiler le moule et étaler dedans la pâte à tarte.
4. Couper les courgettes en rondelles.
5. Dans une poêle antiadhésive, faire chauffer à feu vif 30 ml (2 c. à soupe) d'huile d'olive.
6. Émincer l'oignon et le faire revenir dans l'huile d'olive, y ajouter les courgettes.
7. Faire mijoter quelques minutes à feu moyen jusqu'à ce que l'eau s'évapore.
8. Dans un bol, battre les œufs avec la crème et le fromage blanc.
9. Saler, poivrer selon ses goûts, ajouter le comté en le râpant au-dessus de la préparation et assaisonner d'une pointe de muscade.
10. Verser les courgettes et la préparation aux œufs sur le fond de pâte.
11. Faire cuire au four pendant 30 à 40 minutes.

Préparation de la pâte

1. Verser la farine et le sel dans un saladier, creuser un puits et y ajouter de petits morceaux de beurre.
2. Pétrir la farine en versant un peu d'eau tiède de manière à obtenir une pâte homogène.

Note : La pâte peut être remplacée par 250 g de pâte à tarte.

Tarte aux oignons

Ingrédients

30 ml (2 c. à soupe) d'**huile d'olive** extra vierge

5 **oignons**

500 ml (2 tasses) de **champignons de Paris**

Sel, **poivre**

Thym

Pâte

310 ml (1 ¼ tasse) de **farine**

10 ml (2 c. à thé) d'**huile d'olive** extra vierge ou de **beurre**

10 ml (2 c. à thé) d'**eau tiède**

Méthode

1. Choisir un moule à tarte de 28 cm de diamètre. Huiler le moule et étaler dedans la pâte à tarte.
2. Préchauffer le four à 455 °F (235 °C).
3. Dans une poêle antiadhésive, faire chauffer à feu vif l'huile d'olive.
4. Émincer les oignons puis les faire revenir 30 minutes dans la poêle.
5. Émincer les champignons et les ajouter aux oignons en fin de cuisson.
6. Poursuivre la cuisson quelques minutes.
7. Saler, poivrer, ajouter le thym.
8. Répartir la préparation sur la pâte et enfourner la tarte pendant 30 minutes.

Préparation de la pâte

1. Verser la farine et le sel dans un saladier, creuser un puits et y ajouter de petits morceaux de beurre.
2. Pétrir la farine en versant un peu d'eau tiède de manière à obtenir une pâte homogène.

Note : La pâte peut être remplacée par 250 g de pâte à tarte.

Calzone aux aubergines

Voir photo à la page 136

Ingrédients

1 **aubergine**

1 gousse d'**ail**

1 **oignon** émincé

50 ml (3 c. à soupe) de **tomates séchées**

Origan

Sel, poivre

Pâte

475 ml (1 ¾ tasse + 3 c. à soupe) de **farine**

10 ml (2 c. à thé) d'**huile d'olive** extra vierge ou de **beurre**

10 ml (2 c. à thé) d'**eau tiède**

Méthode

1. Préchauffer le four à 455 °F (235 °C).
2. Couper l'aubergine en petits dés. La verser dans une passoire, la saupoudrer de sel et la laisser dégorger.
3. Hacher l'ail, émincer l'oignon. Les mettre à rissoler dans une poêle nappée d'huile chaude.
4. Découper les tomates séchées en lanières.
5. Rincer l'aubergine à l'eau froide, l'ajouter avec les tomates séchées et les épices dans la poêle et laisser mijoter une vingtaine de minutes.
6. Séparer la pâte en deux portions et étendre chacune d'entre elles au rouleau en deux cercles.
7. Placer la garniture sur une moitié et rabattre la pâte de manière à enfermer la garniture.
8. Souder les bords par pression des doigts.
9. Placer les 2 calzones sur un moule préalablement huilé et cuire au four 20 minutes.

Préparation de la pâte

1. Verser la farine et le sel dans un saladier, creuser un puits et y ajouter l'huile d'olive ou le beurre.
2. Pétrir la farine en versant un peu d'eau tiède de manière à obtenir une pâte homogène.
3. Laisser reposer.

Note : La pâte peut être remplacée par 250 g de pâte à tarte.

pour **2-3** personnes

Tarte aux aubergines

Ingrédients

1 **aubergine**

Sel, poivre

1 **oignon**

1 gousse d'**ail**

30 ml (2 c. à soupe) d'**huile d'olive** extra vierge

70 ml (⅓ tasse) de **tomates séchées** coupées en lanières

5 ml (1 c. à thé) d'**origan**

350 g de **pâte à tarte**

250 ml (1 tasse) de **farine**

Méthode

1. Préchauffer le four à 475 °F (240 °C).
2. Éplucher et couper l'aubergine en petits dés.
3. Les verser dans une casserole, les saupoudrer de sel et laisser dégorger.
4. Rincer l'aubergine.
5. Éplucher l'oignon et l'émincer. Faire de même avec l'ail.
6. Mettre l'oignon et l'ail à rissoler dans une poêle nappée d'huile.
7. Ajouter l'aubergine, les tomates séchées coupées en lanières, l'origan et laisser mijoter 20 minutes.
8. Abaisser 250 g de pâte à tarte au rouleau à pâtisserie en formant un cercle, mettre une fine couche de farine sur le plan de travail et sur le rouleau à pâtisserie, puis étendre la pâte dans un moule huilé.
9. Abaisser les 100 g de pâte restante.
10. Placer la garniture sur la pâte garnissant le moule et enfermer la garniture avec la pâte restante.
11. Souder les bords par pression.
12. Faire cuire au four pendant 20 minutes.

pour 4 personnes

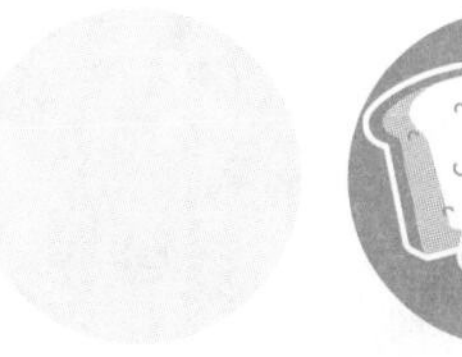

Galettes de pommes de terre farcies

Ingrédients

1,5 L (6 tasses) de **pommes de terre**

1 **œuf**

Sel, **poivre**

30 ml (2 c. à soupe) de **farine**

60 ml (¼ tasse) de **chapelure**

FARCE

340 ml (1 ⅜ tasse) de **champignons**

30 ml (2 c. à soupe) d'**huile d'olive** extra vierge

5 ml (1 c. à thé) de **sauce soya**

½ gousse d'**ail** écrasée

Méthode

1. Éplucher et couper en morceaux les pommes de terre. Les jeter dans une grande casserole d'eau salée.
2. Porter à ébullition et faire cuire jusqu'à ce qu'elles soient tendres.
3. Les égoutter et les écraser en purée.
4. Ajouter 45 ml (3 c. à soupe) d'huile d'olive et la moitié d'un œuf battu. Assaisonner.
5. Pour farcir les galettes, diviser la purée en une douzaine de portions.
6. Tremper les mains dans un peu de farine. Malaxer chaque portion de purée et l'aplatir sur la paume de la main.
7. Prendre un peu de farce, la mettre au centre de la galette de pommes de terre.
8. Refermer la galette en soudant les bords. Renouveler l'opération pour les autres galettes.
9. Enrober chaque galette de chapelure.
10. Faire frire les galettes de chaque côté dans une poêle nappée d'huile chaude, jusqu'à ce qu'elles soient dorées et croustillantes.
11. Égoutter sur du papier absorbant.

PRÉPARATION DE LA FARCE

1. Émincer les champignons, après en avoir retiré les pieds.
2. Les faire revenir dans une poêle nappée d'huile d'olive avec la sauce soya et ½ gousse d'ail écrasée, jusqu'à ce que les champignons soient tendres.

pour 3 personnes

Galettes de tofu

Ingrédients

1 **oignon**

1 gousse d'**ail**

300 g de **tofu**

1 bouquet de **persil**

Sel, **poivre**

Huile d'olive extra vierge

Méthode

1. Éplucher et hacher l'oignon.
2. Éplucher et écraser l'ail dans un mortier.
3. Mélanger le tofu, l'ail, l'oignon et le persil de manière à obtenir une pâte lisse et homogène. Saler et poivrer.
4. Façonner de petites galettes rondes.
5. Mettre à rissoler dans une poêle nappée d'huile de chaque côté.

NOTE : Les galettes peuvent être servies avec une salade verte.

pour **3** personnes

Escalopes de blé

Ingrédients

1 gros **oignon**

15 ml (1 c. à soupe) d'**ail** émincé

90 ml (6 c. à soupe) d'**olives noires**

560 ml (2 ¼ tasses) de légumes divers (au choix : **courgettes**, **carottes**, **champignons**, **tomates**, etc.)

640 ml (2 ½ tasses + 1 c. à soupe) de **farine blé**

100 ml (⅓ tasse + 1 c. à soupe) de **farine de sarrasin**

65 ml (¼ tasse) de **flocons de riz** ou **d'orge**

15 ml (1 c. à soupe) de **persil** frais haché

90-120 ml (6-8 c. à soupe) d'**huile d'olive** extra vierge

2 ml (½ c. à thé) de **sel**

15 ml (1 c. à soupe) de **levure**

Méthode

1. Éplucher et émincer l'oignon.
2. Dénoyauter et hacher les olives.
3. Détailler les légumes en petits dés.
4. Dans un saladier, verser les différentes farines, les légumes, les flocons, les olives, le persil, l'ail, l'huile, le sel et la levure.
5. Bien malaxer et ajouter un peu d'eau si nécessaire. Obtenir une pâte homogène et assez épaisse.
6. Confectionner les escalopes et les cuire des deux côtés dans une poêle nappée d'huile d'olive.

NOTE : *Les escalopes peuvent être servies avec une salade verte.*

pour **2** personnes

Galettes de lentilles

Ingrédients

1 **échalote**

30 ml (2 c. à soupe) d'**huile d'olive** extra vierge

125 ml (½ tasse) de **lentilles corail**

45 ml (3 c. à soupe) de **graines de tournesol**

35 ml (⅛ tasse) de **graines de sésame**

200 ml (⅞ tasse) de **bouillon de légumes**

15 ml (1 c. à soupe) de **graines de fenouil**

1 ou 2 pincées de **gomasio** (condiment de sésame)

Chapelure

Poivre

Méthode

1. Éplucher et émincer l'échalote.
2. La faire rissoler dans une poêle nappée d'huile d'olive.
3. Ajouter les lentilles et les graines de tournesol et de sésame.
4. Mouiller avec le bouillon, ajouter les épices, porter à ébullition, puis laisser mijoter 12 minutes à petit feu.
5. Laisser refroidir.
6. Ajouter la chapelure pour façonner des petites galettes.
7. Les faire rissoler dans l'huile quelques minutes de chaque côté.

NOTE : Les galettes peuvent être servies avec une salade verte.

pour **2** personnes

Galettes de haricots au maïs

Ingrédients

1 **oignon**

300 ml (1 ¼ tasse) de **haricots rouges** cuits

305 ml (1 ¼ tasse) de **maïs**

Sel, poivre

220-440 ml (⅞ tasse-1 ¾ tasse) de **chapelure**

90-120 ml (6-8 c. à soupe) d'**huile d'olive** extra vierge

Méthode

1. Éplucher et écraser l'oignon dans un mortier.
2. Verser les haricots dans un plat, puis y mélanger l'oignon et le maïs.
3. Saler et poivrer.
4. Ajouter la chapelure et façonner des petites galettes.
5. Les mettre à rissoler dans une poêle nappée d'huile quelques minutes de chaque côté.

Note : Ces galettes peuvent être dégustées avec une salade verte.

pour **4** personnes

Pizza aux champignons

Ingrédients

1,2 L (4 ¾ tasses) de **champignons** hachés

6 **tomates séchées** conservées dans l'huile

Garniture

1 gousse d'**ail**

395 ml (1 ⅝ tasse) de **tomates**

150 g de **tofu**

1 **citron**

Origan

30 ml (2 c. à soupe) d'**huile d'olive** extra vierge

250 ml (1 tasse) de **lait de coco**

Sel, **poivre**

Quelques feuilles de **basilic** émincées

Pâte

565 ml (2 ¼ tasses + 1 c. à thé) de **farine**

30 ml (2 c. à soupe) d'**huile d'olive** extra vierge

150 ml (⅝ tasse) d'**eau tiède**

1 demi-sachet de **levure**

Sel

Méthode

1. Préchauffer le four à 440 °F (220 °C).
2. Faire rissoler les champignons hachés dans l'huile d'olive et réserver.
3. Étendre la pâte dans un moule à pizza huilé, la napper de tomates au tofu, puis disposer les champignons ainsi que les tomates séchées coupées en morceaux.
4. Saupoudrer d'origan et cuire au four 15 minutes.

Préparation de la garniture

1. Éplucher et écraser l'ail dans un mortier.
2. Couper les tomates en quartiers après en avoir retiré les cœurs.
3. Trancher le tofu dans le sens de la largeur en gardant une épaisseur de 1 cm.
4. Préparer une marinade avec les tomates, du jus de citron, l'origan et l'ail écrasé.
5. Laisser mariner pendant une heure, ou un peu plus.
6. Faire ensuite revenir dans une poêle nappée d'un peu d'huile d'olive.
7. Dès que la préparation est cuite, ajouter le lait de coco, saler et poivrer au besoin, puis ajouter quelques feuilles de basilic.
8. Laisser encore cuire un peu, jusqu'à ce que le lait de coco épaississe.

Préparation de la pâte

1. Mélanger tous les ingrédients servant à confectionner la pâte et pétrir pour obtenir une masse lisse et élastique.
2. Laisser reposer 1 heure au chaud, sous un torchon.

pour **2** personnes

Galettes végétariennes

Ingrédients

1 **oignon**

1 ml (¼ c. à thé) d'**ail** émincé

170 ml (⅔ tasse) de **champignons de Paris**

1 **œuf**

180 g de **tofu**

15 ml (1 c. à soupe) de **graines de sésame**

65 ml (¼ tasse) de **tomates séchées**

65 ml (¼ tasse) de **mozzarella**

Sel, **poivre**

2 ml (½ c. à thé) de **basilic** séché

2 ml (½ c. à thé) de **romarin** séché

375 ml (1 ½ tasse) de **farine de seigle**

22 ml (1 ½ c. à soupe) d'**huile olive** extra vierge

Méthode

1. Éplucher l'oignon, le couper en rondelles et ne garder que 2 ou 3 rondelles.
2. Éplucher et émincer l'ail.
3. Casser l'œuf dans un bol.
4. Passer tous les ingrédients au mélangeur sauf la farine et l'huile olive.
5. Dans un bol, ajouter au mélange la farine et bien mélanger de manière à obtenir une pâte homogène.
6. Préparer 4 galettes avec cette pâte.
7. Faire cuire les galettes sur feu moyen dans un peu d'huile d'olive jusqu'à ce qu'elles soient dorées.

NOTE : Les galettes peuvent se déguster avec une salade de son choix.

Ricchietelle **de basilicate**
(voir recette à la page 34)

Wonton farcis **au crabe**
(voir recette à la page 36)

Boulettes **de lentilles**
(voir recette à la page 53)

Gratin de chou-fleur
(voir recette à la page 57)

Fenouil **au fromage**
(voir recette à la page 62)

Courgettes **à la menthe**
(voir recette à la page 63)

Quiche **aux poireaux**
(voir recette à la page 116)

Calzone **aux aubergines**
(voir recette à la page 119)

pour **2** personnes

Bruschetta

Ingrédients

1 à 2 **tomates**

1 gousse d'**ail**

1 **oignon vert**

45 ml (3 c. à soupe) de **basilic** frais

½ **pain baguette**

15 ml (1 c. à soupe) d'**huile d'olive** extra vierge

15 ml (1 c. à soupe) de **fromage parmesan**

1 **citron**

Sel, poivre

Méthode

1. Préchauffer le four à gril.
2. Couper les tomates, en retirer le cœur et les hacher.
3. Éplucher et hacher l'ail et l'oignon.
4. Ciseler le basilic.
5. Trancher la demi-baguette en deux dans la longueur. La faire griller au four environ 3 minutes.
6. Pendant ce temps, mélanger dans un saladier tous les ingrédients, sauf le parmesan.
7. Retirer les baguettes du four et disposer le mélange des légumes sur leur face grillée.
8. Râper du parmesan au-dessus et remettre au gril 3 minutes.
9. Couper en petits quartiers pour servir.
10. Aromatiser de jus de citron, saler et poivrer.

pour **4** personnes

Tourtes aux légumes et à la béchamel

Ingrédients

Graines de sésame

Pâte

195 ml (3/4 tasse + 1 c. à thé) de **farine de sarrasin**

215 ml (7/8 tasse + 1 c. à thé) de **farine de blé**

2 pincées de sel

105 ml (7 c. à soupe) de **margarine**

150 ml (5/8 tasse) d'**eau**

Garniture

370 ml (1 1/2 tasse) d'**oignons**

665 ml (2 2/3 tasses) de **poireaux**

340 ml (1 3/8 tasse) de **champignons**

Sauce

30 ml (2 c. à soupe) de **margarine**

15 ml (1 c. à soupe) de **farine**

Sel marin, poivre

Méthode

1. Préchauffer le four à 350 °F (180 °C).
2. Abaisser la pâte au rouleau et l'étaler dans un moule à tarte huilé et fariné.
3. Disposer les légumes sur la pâte.
4. Parsemer de graines de sésame et enfourner pendant 30 minutes.

Préparation de la pâte

1. Verser les 2 farines, le sel et la margarine dans un saladier et malaxer du bout des doigts jusqu'à obtenir un mélange homogène.
2. Creuser un puits et verser l'eau progressivement.
3. Façonner une boule compacte.
4. Laisser reposer 20 minutes au frais.

Préparation de la garniture

1. Éplucher et émincer les oignons. Les faire revenir dans une casserole à sec et à feu doux.
2. Éplucher et couper les poireaux en tronçons de 3 cm. Les cuire à la vapeur.
3. Réserver environ 400 ml de l'eau de cuisson.
4. Couper les champignons en lamelles après avoir retiré les pieds. Les faire réduire dans un peu d'huile.

Préparation de la sauce béchamel

1. Faire revenir à feu doux la margarine avec la farine dans une casserole.
2. Remuer sans cesse avec une spatule en bois jusqu'à ce que la préparation soit mousseuse.
3. Ajouter l'eau de cuisson des poireaux (environ 400 ml).
4. Porter à ébullition puis laisser cuire à petits bouillons pendant 5 minutes.
5. Mélanger la quantité souhaitée de sauce aux légumes.
6. Saler et poivrer.

pour 2 personnes

Chaussons aux légumes

Ingrédients

Pâte

590 ml (2 3/8 tasses) de **farine** complète

Sel

105 ml (7 c. à soupe) de **margarine**

Farce

2 **pommes de terre**

2 cm de **gingembre** frais

2 **oignons**

50 ml (3 c. à soupe) de **margarine**

10 ml (2 c. à thé) de **graines de moutarde**

5 ml (1 c. à thé) de **curcuma**

1 petite **banane** encore verte

Méthode

1. Confectionner avec la pâte 8 galettes d'environ 6 cm de diamètre.
2. Disposer 1 cuillerée de farce au centre de chaque galette puis replier pour former un chausson.
3. Pincer les bords pour bien les fermer.
4. Les faire frire à feu vif des deux côtés.

Préparation de la pâte

1. Dans un saladier, mélanger la farine, une pincée de sel et la margarine.
2. Verser petit à petit un peu d'eau (environ 1 ou 2 c. à soupe) en pétrissant de manière à obtenir une pâte bien lisse.
3. Laisser reposer sous un linge humide.

Préparation de la farce

1. Faire cuire les pommes de terre avec leur peau.
2. Éplucher et râper finement le gingembre frais.
3. Éplucher et émincer les oignons.
4. Faire revenir dans une casserole nappée d'un peu de margarine les graines de moutarde.
5. Lorsqu'elles ont éclaté, ajouter le curcuma et les oignons. Lorsque les oignons sont devenus tendres, ajouter les pommes de terre épluchées, le gingembre et la banane.
6. Malaxer doucement sur le feu à la fourchette pour obtenir une purée.
7. Rectifier l'assaisonnement, retirer du feu et laisser refroidir.

Note

Poissons et crustacés

pour **4** personnes

Cabillaud en papillote

Ingrédients

4 **courgettes**

3-4 **poireaux**

4 feuilles de **papier aluminium**

200 ml (7⁄8 tasse) de **lait de coco**

20 ml (4 c. à thé) de **cari** en poudre

Sel, **poivre**

4 pavés de **cabillaud**

Méthode

1. Préchauffer le four à 350 °F (180 °C).
2. Couper les courgettes en fines tranches.
3. Émincer finement les poireaux.
4. Dans une casserole d'eau bouillante, faire blanchir les légumes 2 minutes maximum.
5. Disposer les légumes sur les feuilles de papier aluminium, les arroser de lait de coco et saupoudrer de cari.
6. Saler, poivrer, puis couvrir d'un filet de poisson.
7. Refermer les papillotes et enfourner pendant 10 minutes.
8. Servir chaud.

Note : Les cabillauds peuvent être dégustés avec du riz.

pour 4 personnes

Créole d'ananas

Voir photo à la page 177

Ingrédients

375 ml (1 ½ tasse) de **riz thaï** ou autre riz parfumé

2 petits **ananas**

1 **banane**

1 **avocat**

¼ de **poivron rouge**

250 g de **crevettes** roses décortiquées

Sel, **poivre**

Sauce

1 **lime**

7 ml (1 ½ c. à thé) de **moutarde forte**

75 ml (5 c. à soupe) d'**huile d'olive** extra vierge

8 feuilles de **menthe**

Méthode

1. Mettre le riz à cuire 20 minutes (ou suivre les instructions du fabricant.
2. L'égoutter.
3. Couper les ananas en deux dans le sens de la longueur.
4. En retirer le cœur, les évider et tailler la pulpe en petits quartiers. Garder les écorces.
5. Découper la banane en rondelles, l'avocat en dés et le poivron en petits quartiers après l'avoir épépiné.
6. Dans un grand saladier, verser l'ananas, la banane, l'avocat et les crevettes décortiquées, assaisonner la préparation avec la sauce, saler et poivrer.
7. Remplir les écorces d'ananas de la préparation. Servir frais avec le riz.

Préparation de la sauce

1. Dans un bol, mélanger le jus de la lime, la moutarde et l'huile d'olive.
2. Hacher finement la menthe.
3. L'ajouter à la sauce et bien fouetter.

pour **4** personnes

Crevettes aux poireaux

Ingrédients

1 **poireau**

Environ 500 g de grosses **crevettes** crues

1 gousse d'**ail**

30 ml (2 c. à soupe) **d'huile d'olive** extra vierge

15 ml (1 c. à soupe) de **nuoc-mâm**

5 ml (1 c. à thé) de **cassonade**

5 ml (1 c. à thé) de **grains de poivre noir**

5 ml (1 c. à thé) de **coriandre** séchée

1 **citron**

Méthode

1. Couper le poireau en deux sur le sens de la longueur puis le détailler en tronçons d'environ 3 cm.
2. Jeter dans une casserole d'eau bouillante et faire cuire jusqu'à ce que le poireau soit tendre.
3. Égoutter dans une passoire.
4. Décortiquer les crevettes en laissant les queues intactes.
5. Entailler les dos des crevettes, retirer la veine et les aplatir légèrement.
6. Éplucher l'ail et le piler dans un mortier.
7. Dans un wok nappé d'huile d'olive, faire doucement revenir les crevettes, avec l'ail pendant 2 minutes.
8. Mouiller avec le nuoc-mâm, ajouter le sucre en poudre et les grains de poivre.
9. Prolonger la cuisson à feu vif jusqu'à ce que les crevettes soient tendres.
10. Servir sur un lit de poireaux.
11. Arroser de sauce et aromatiser avec la coriandre et de jus de citron.

Daurade au cari

Ingrédients

560 ml (2 ¼ tasses) de **riz** biologique complet

2 **oignons**

1 gousse d'**ail**

3 **tomates**

600 g de filets de **daurade**

30 ml (2 c. à soupe) d'**huile d'olive** extra vierge

1 pot de **sauce au cari**

Poivre

45 ml (3 c. à soupe) de **nuoc-mâm**

1 brin de **coriandre**

2-3 ml (½ c. à thé) de **purée de piments** par personne

Méthode

1. Mettre le riz à cuire dans de l'eau bouillante salée en suivant les indications du fabricant.
2. Éplucher et émincer les oignons en fines lanières. Faire de même avec l'ail et l'écraser dans un mortier.
3. Plonger les tomates quelques secondes dans de l'eau bouillante, les retirer, les laisser refroidir, puis les peler et détailler la chair en morceaux.
4. Couper les filets de daurade en morceaux.
5. Dans un wok nappé d'huile d'olive, mettre les oignons et l'ail à rissoler.
6. Ajouter la sauce au cari, le poivre et le nuoc-mâm, mélanger et laisser cuire 3 minutes environ.
7. Ajouter les morceaux de tomates à la préparation puis les morceaux de daurade.
8. Couvrir et cuire à feu doux 5 minutes.
9. Parfumer avec les feuilles de coriandre.
10. Servir avec le riz.
11. Pimenter le plat à discrétion.

pour 4 personnes

Filets de carpe à l'huile d'olive

Ingrédients

4 filets de **carpe** de 500 g chacun, écaillés par le poissonnier

790 ml (3 ⅛ tasses) de **pommes de terre** biologiques

200 ml (⅞ tasse) d'**huile d'olive** extra vierge

1 botte de **ciboulette**

Sel, poivre

1 **citron**

Sauce

200 ml (⅞ tasse) de **fumet de poisson**

4 **tomates**

20 feuilles de **basilic**

Méthode

1. Cuire les pommes de terre 20 minutes dans de l'eau bouillante salée.
2. Les retirer de l'eau, les laisser refroidir dans une passoire.
3. Les peler et les écraser à la fourchette dans un bol.
4. Ajouter environ 100 ml (⅓ tasse + 1 c. à soupe) d'huile d'olive vierge.
5. Ciseler la ciboulette et le basilic.
6. Assaisonner la purée, ajouter la ciboulette seulement.
7. Couvrir et garder au chaud.
8. Saler les filets de carpe et les cuire dans une poêle nappée d'un peu d'huile d'olive vierge.

Préparation de la sauce

1. Mettre à chauffer le fumet de poisson.
2. Éplucher et couper les tomates en quartiers après en avoir retiré le cœur, les écraser dans un bol.
3. Ajouter le basilic et les morceaux de tomates broyés.
4. Mélanger cette préparation en y ajoutant le reste d'huile d'olive et veiller à ce que la sauce devienne homogène.
5. Servir les filets de carpe avec la purée de pommes de terre et la sauce.
6. Aromatiser de jus de citron.

pour **4** personnes

Filets de truite au thym

Ingrédients

4 belles **truites** découpées en filets

30 ml (2 c. à soupe) de **gros sel**

15 ml (1 c. à soupe) de **thym** frais

Huile d'olive extra vierge

Citron

30 ml (2 c. à soupe) d'**amandes** fraîches

Méthode

1. Préchauffer le four à 350 °F (180 °C).
2. Garnir une assiette plate de gros sel, y ajouter le thym et mélanger.
3. Inciser de chaque côté les filets de truite et les rouler dans le sel et le thym.
4. Enfourner les truites dans un plat à four à 10 cm environ de la hauteur du gril.
5. Mettre à cuire les truites de chaque côté 5 à 6 minutes. Leur peau doit brunir rapidement.
6. Aromatiser les truites cuites à l'huile d'olive extra vierge et au citron.
7. Décorer ce plat avec des amandes grillées.

pour **4** personnes

Friture d'éperlans

Ingrédients

500-600 g d'**éperlans**

95 ml (3/8 tasse) de **farine**

1 L (4 tasses) d'**huile d'olive** extra vierge

15 ml (1 c. à soupe) de **sel**

Mayonnaise

30 ml (2 c. à soupe) de **ciboulette** ciselée

½ gousse d'**ail**

1 **œuf**

10 ml (2 c. à thé) de **moutarde**

1 verre d'**huile d'olive** extra vierge

2 **citrons**

Sel, **poivre**

Méthode

1. Dans un plat, rouler les éperlans dans la farine, puis les plonger dans 1 litre d'huile chaude et les faire frire.
2. Les retirer dès qu'ils commencent à dorer, les égoutter dans une passoire, les placer sur un papier absorbant.
3. Couper les citrons en quartiers.
4. Saler et servir avec la mayonnaise et les quartiers de citron.

Note : Cette friture peut se déguster avec des pommes de terre cuites et une salade verte.

Préparation de la mayonnaise

1. Couper la ciboulette en petits brins, éplucher l'ail et le hacher.
2. Dans un bol, mélanger 1 jaune d'œuf à la moutarde.
3. Fouetter en versant graduellement en filet l'huile d'olive.
4. Faire monter la mayonnaise et l'aromatiser du jus d'un demi-citron.
5. Saler, poivrer et ajouter l'ail haché et la ciboulette.
6. Remuer puis mettre au frais.

pour **4** personnes

Gambas au lait de coco

Ingrédients

560 ml (2 ¼ tasses) de **riz** biologique complet

2 gousses d'**ail**

24 **gambas** crues

200 ml (⅞ tasse) de **lait de coco**

45 ml (3 c. à soupe) de **nuoc-mâm**

15 ml (1 c. à soupe) de **sauce soya**

2-3 ml (½ c. à thé) de **purée de piments**

45 ml (3 c. à soupe) d'**huile d'olive** extra vierge

Méthode

1. Mettre le riz à cuire dans de l'eau bouillante salée (suivre les instructions du fabricant).
2. Éplucher et piler l'ail dans un mortier.
3. Décortiquer les gambas et les équeuter.
4. Dans un grand saladier, verser le lait de coco, le nuoc-mâm, la sauce soya, la purée de piment et l'ail écrasé.
5. Ajouter au liquide les gambas et les laisser mariner 30 minutes au minimum.
6. Retirer les gambas et les égoutter dans une passoire.
7. Les faire revenir dans une poêle nappée d'huile d'olive pendant 3 minutes à feu moyen.
8. Les gambas peuvent être piquées sur des petites brochettes en bois avant d'être servies avec le riz.
9. Pimenter le riz à discrétion.

pour **4** personnes

Maquereaux au vin blanc

Ingrédients

800 g de petits **maquereaux**, vidés et sans tête

Sel, **poivre**

Court-bouillon

2 **carottes**

1 **oignon**

800 ml (3 ¼ tasses) de **vin blanc sec**

2 brins de **thym**

2 **feuilles de laurier**

10 **grains de poivre**

2 **clous de girofle**

1 **citron**

200 ml (⅞ tasse) de **vinaigre de vin blanc**

Méthode

Note : À préparer 24 heures d'avance

1. Disposer les maquereaux dans un plat creux et les saler, les retourner dans le sel et les laisser reposer au frais pendant 2 heures.
2. Plonger les maquereaux dans le court-bouillon, puis faire reprendre l'ébullition pendant 5 minutes.
3. Retirer la casserole du feu.
4. Égoutter les maquereaux dans une passoire et les disposer dans une terrine.
5. Passer le court-bouillon dans un chinois et le verser brûlant sur les poissons.
6. Rajouter les rondelles de carottes, d'oignon et de citron.
7. Couvrir et laisser refroidir. Servir le lendemain.

Préparation du court-bouillon

1. Éplucher et émincer les carottes et l'oignon.
2. Les jeter dans une casserole, ajouter le vinaigre de vin, le thym, le laurier, les grains de poivre et les clous de girofle.
3. Porter à ébullition et cuire ainsi pendant 10 minutes.
4. Couper le citron en fines rondelles.
5. Ajouter le vinaigre et les rondelles de citron dans la casserole.
6. Faire cuire encore pendant 10 minutes

pour **4** personnes

Marinade de saumon et de pétoncles

Ingrédients

250 g de filets de **saumon** frais

250 g de **pétoncles** frais

125 ml (½ tasse) de **jus de citron**

125 ml (½ tasse) de **jus de lime**

½ **oignon**

250 ml (1 tasse) de **tomates cerises**

1 gousse d'**ail** hachée

45 ml (3 c. à soupe) de **jus de lime**

1 trait de **sauce pimentée** (sauce Tabasco)

60-65 ml (¼ tasse) d'**huile d'olive** extra vierge

Sel, poivre

Quelques feuilles de **laitue**

30 ml (2 c. à soupe) de **coriandre** fraîche hachée finement

Méthode

1. Découper la chair du saumon en dés.
2. Dans un saladier, mélanger les morceaux de saumon et les pétoncles et mouiller des jus de citron et de lime.
3. Couvrir et laisser au réfrigérateur pendant 5 heures en remuant de temps en temps.
4. Éplucher l'oignon et le hacher.
5. Retirer le saumon et les pétoncles du réfrigérateur et les égoutter dans une passoire.
6. Remettre dans un saladier et ajouter les tomates cerises, l'oignon et l'ail hachés.
7. Aromatiser avec le jus de lime, la sauce pimentée et l'huile d'olive. Saler et poivrer.
8. Mélanger bien, couvrir et remettre au réfrigérateur pendant 1 heure.
9. Servir sur des feuilles de laitue et garnir de brin de coriandre.

pour **4-5** personnes

Paloudes aux tomates

Voir photo à la page 178

Ingrédients

4-5 grosses **tomates** juteuses

2-3 gousses d'**ail**

30-45 ml (2-3 c. à soupe) d'**huile d'olive** extra vierge

Sel, poivre

2 kg de **palourdes** ou de **moules**, nettoyées

1 **citron**

10 tranches de **pain** frais biologique et complet

Méthode

1. Couper les tomates en tranches après en avoir retiré le cœur.
2. Éplucher et émincer l'ail.
3. Les faire dorer dans une poêle nappée d'huile d'olive.
4. Ajouter les morceaux de tomates et laisser saisir un peu pour que les morceaux fondent, puis baisser le feu.
5. Saler et poivrer.
6. Ajouter les palourdes et laisser cuire de 9 à 12 minutes en remuant jusqu'à ce qu'elles s'ouvrent.
7. Aromatiser avec le jus de citron. Servir avec les tranches de pain frais.

pour **4** personnes

Rouleaux d'asperges au saumon

Voir photo à la page 179

Ingrédients

24 **asperges vertes**

80 ml (⅓ de tasse) de **gros sel**

6 **radis roses**

½ botte de **ciboulette**

150 ml (⅝ tasse) de **crème fraîche** épaisse

Sel, poivre

6 tranches de **saumon fumé**

6 feuilles d'**épinards** frais

1 **citron**

Méthode

1. Conserver la partie la plus tendre des asperges et les pointes.
2. Confectionner des bottes de 4 asperges à l'aide d'un fil de cuisine.
3. Faire bouillir 5 litres d'eau dans une cocotte.
4. Ajouter le gros sel lorsque l'eau est en ébullition.
5. Plonger délicatement les bottes d'asperges dans la cocotte.
6. Laisser cuire 12 à 15 minutes. Retirer les bottes d'asperges et les ficelles.
7. Équeuter et couper les radis en rondelles.
8. Ciseler la ciboulette.
9. Dans un bol, mélanger la crème, la ciboulette et les radis. Saler et poivrer.
10. Badigeonner chaque tranche de saumon de cette préparation.
11. Déposer une feuille d'épinard et 4 asperges.
12. Enrouler les asperges avec le saumon.
13. Poivrer et aromatiser de jus de citron. Servir frais.

pour **4** personnes

Roulades de turbot à la niçoise

Ingrédients

4 filets de **turbot de Terre-Neuve** (d'environ 150 g chacun)

15 ml (1 c. à soupe) de **vinaigre de cidre** biologique

Farce

3 gousses d'**ail**

1 petit **oignon**

30 ml (2 c. à soupe) d'**huile d'olive** extra vierge

30 ml (2 c. à soupe) de **basilic** frais

30 ml (2 c. à soupe) de **chapelure**

15 ml (1 c. à soupe) de **parmesan** râpé

1 boîte de 725 ml (2 ⅞ tasses) de **tomates** broyées

250 ml (1 tasse) de **fumet de poisson**

1 **citron**

Poivre

60-65 ml (¼ tasse) d'**olives noires** tranchées

Méthode

1. Dans un grand plat, asperger les filets de vinaigre de cidre, couvrir et placer dans le réfrigérateur.

Préparation de la farce

1. Pendant ce temps, éplucher et piler l'ail dans mortier. Éplucher et émincer l'oignon.
2. Faire rissoler la moitié de l'ail dans une poêle nappée d'huile, ajouter le basilic, la chapelure et le parmesan, poursuivre à petit feu puis laisser tiédir.
3. Faire rissoler ensuite l'oignon et le reste de l'ail dans le reste de l'huile, ajouter le contenu de la boîte de tomates, le fumet de poisson, le jus de citron et le poivre.
4. Laisser mijoter sans couvrir 10 minutes environ de façon à ce que la sauce réduise un peu. Ajouter les olives.
5. Sortir les filets de turbot et répartir la farce sur les filets, les enrouler et les fixer avec un cure-dent plongé à travers la chair.
6. Déposer les roulades de poisson, couvrir et pocher une dizaine de minutes dans de l'eau salée, éventuellement aromatisée de jus de citron.

pour **2-3** personnes

Roulades de saumon fumé au fromage frais

Ingrédients

100 g de **fromage frais** (chèvre frais, etc.)

15-45 ml (1-3 c. à soupe) de **crème fraîche** épaisse

5 ml (1 c. à thé) de **jus de citron**

15 ml (1 c. à soupe) environ de **ciboulette** fraîche ciselée

1-3 branches d'**aneth** frais (au goût)

2-3 tranches de **saumon fumé** par personne

1 **salade verte** ou 1 **laitue**

Vinaigrette

15-45 ml (1-3 c. à soupe) d'**huile d'olive** extra vierge

15 ml (1 c. à soupe) de **vinaigre de cidre**

Sel, poivre

Méthode

1. Dans un plat creux, écraser le fromage de chèvre frais et le mélanger avec la crème fraîche et le jus de citron, de manière à obtenir un mélange à consistance onctueuse, facile à tartiner.
2. Ciseler la ciboulette et l'aneth et les ajouter au mélange.
3. Déposer ce mélange sur les tranches de saumon fumé, puis former des rouleaux.
4. Placer les rouleaux au frais jusqu'au dernier moment
5. Au moment de servir, mélanger la salade avec la vinaigrette.
6. Servir la salade dans des assiettes individuelles et répartir les rouleaux de saumon sur le lit de salade.

Préparation de la vinaigrette

1. Mélanger l'huile d'olive et le vinaigre de cidre. Bien remuer.
2. Assaisonner de sel et poivre à sa convenance.

pour 2 personnes

Salade de chèvre chaud au saumon

Ingrédients

5 à 8 tranches de **pain de mie**

200 g de **saumon**

30 ml (2 c. à soupe) d'**huile d'olive** extra vierge

30 ml (2 c. à soupe) de **farine**

2 **œufs**

3 ou 4 **biscottes**

4 petits **fromages de chèvre**

1 **laitue** ou un mélange de petites **salades**

Vinaigrette

1 gousse d'**ail**

10 ml (2 c. à thé) de **vinaigre blanc à l'estragon**

15 ml (1 c. à soupe) de **moutarde**

Sel, **poivre**

Méthode

1. Préchauffer le four à 350 °F (180 °C).
2. Retirer la croûte des tranches de pain et découper la mie en petits dés.
3. Découper le saumon en dés. Les faire revenir un peu dans une poêle nappée d'huile à feu doux.
4. Les réserver au chaud.
5. Jeter les dés de pain de mie dans la poêle avec un peu d'huile d'olive et les faire revenir jusqu'à ce qu'ils soient dorés.
6. Verser un peu de farine dans une assiette creuse.
7. Casser les œufs dans un bol et les battre en omelette.
8. Écraser les biscottes en chapelure dans un autre bol.
9. Passer chaque fromage dans la farine, puis dans les œufs battus et enfin dans la chapelure.
10. Les disposer sur un plat allant au four et enfourner pendant 7 à 8 minutes.
11. Assaisonner la salade avec la vinaigrette et la répartir dans des assiettes de service.
12. Poser dessus le fromage rôti tout chaud, puis garnir avec les dés de saumon et les petits dés de pain.

Préparation de la vinaigrette

1. Éplucher et broyer l'ail dans un mortier.
2. Mélanger l'ail avec le vinaigre, une pointe de moutarde et un peu de poivre. Bien remuer.

Note : Ce plat aura plus de goût avec les tranches de pain frottées d'ail avant d'être taillées en dés. On peut ajouter des petites tomates cerises et des câpres.

pour **2** personnes

Salade de langouste aux haricots verts

Ingrédients

1 **langouste** de 400 g environ

195 ml (7/8 tasse) de **haricots verts** frais extra fins

375 ml (1 ½ tasse) de **champignons de Paris**

1 **citron**

5-6 feuilles de **salade** de saison

5 ml (1 c. à thé) de poudre d'**estragon**

Vinaigrette

5 ml (1 c. à thé) de **moutarde forte**

60 ml (¼ tasse) d'**huile d'olive** extra vierge

5 ml (1 c. à thé) de **vinaigre de vin**

Sel, poivre

Méthode

1. Mettre à cuir la langouste dans un court-bouillon pendant 8 minutes.
2. Retirer du feu et laisser la langouste refroidir dans son court-bouillon.
3. Décortiquer la queue et la couper en quartiers.
4. Cuire les haricots verts dans 2 litres d'eau bouillante pour obtenir des légumes bien croquants.
5. Émincer les champignons crus après en avoir retiré les pieds.
6. Jeter dans un saladier les morceaux de langouste cuits, la salade, les haricots verts, les champignons, l'estragon. Verser la vinaigrette.

Préparation de la vinaigrette

1. Mélanger tous les ingrédients de la vinaigrette et bien remuer.

pour **4** personnes

Saumon aux pommes de terre

Ingrédients

4 filets de **saumon** sans la peau

1 ou 2 **oignons**

950 ml (3 ¾ tasses) de **pommes de terre**

45 ml (3 c. à soupe) de **beurre**

15 ml (1 c. à soupe) de **grains de poivre noir**

Sel, **poivre**

5 ml (1 c. à thé) de **thym** frais haché

500 ml (2 tasses) de **bouillon de légumes**

10-15 ml (2-3 c. à thé) d'**huile d'olive** extra vierge

1 **citron**

Méthode

1. Préchauffer le four à 375 °F (190 °C).
2. Éplucher et découper l'oignon en fines rondelles. Faire de même avec les pommes de terre.
3. Couper le beurre en petites mottes tendres.
4. Concasser les grains de poivre dans un bol ou un mortier.
5. Dans un récipient allant au four, disposer les rondelles de pommes de terre et d'oignon en couches successives. Saler, poivrer et parsemer de thym chaque couche.
6. Ajouter le bouillon et ajouter le beurre, couvrir et mettre dans un four chaud.
7. Cuire 40 minutes, en découvrant pendant les 20 dernières minutes pour que les pommes de terre soient presque à point.
8. Badigeonner d'huile les filets de saumon et les recouvrir de grains de poivre en les enfonçant dans la chair.
9. Placer le saumon sur les pommes de terre, couvrir et faire cuire 15 minutes, en découvrant pendant les 5 dernières minutes.
10. Aromatiser le saumon de jus de citron.

pour **4** personnes

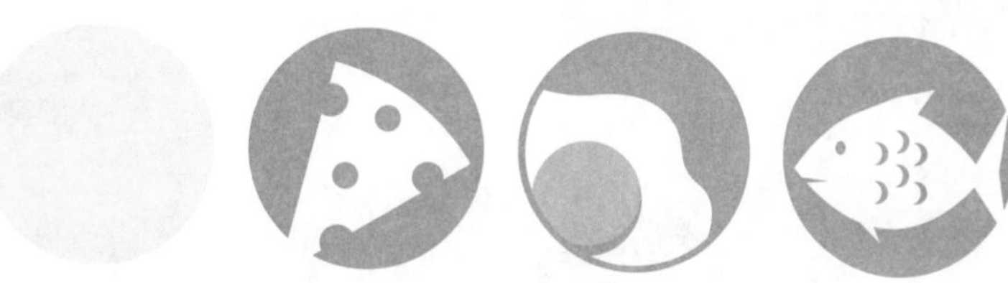

Saumon fumé au soufflé de brocoli

Ingrédients

1 pincée de **crème de tartre**

60-65 ml (¼ tasse) de **parmesan** râpé

4 tranches de **saumon fumé**

Sauce

750 ml (3 tasses) de **brocoli** en petits morceaux

6 **œufs**

4 **oignons verts**

75 ml (5 c. à soupe) de **beurre** fondu

60-65 ml (¼ tasse) de **farine**

250 ml (1 tasse) de **lait**

Sel, poivre

1 pincée de **muscade**

250 ml (1 tasse) de **fromage** râpé (emmental ou cheddar fort)

Méthode

1. Préchauffer le four à 375 °F (190 °C).
2. Casser les 6 œufs en séparant le blanc du jaune dans 2 bols différents.
3. Battre les blancs d'œufs dans un bol avec la crème de tartre, ajouter à la sauce au fromage.
4. Choisir un grand moule à tarte, le beurrer et l'enrober de parmesan.
5. Verser la sauce dans le moule et enfourner pendant 30 minutes.

Note : Ce plat est servi avec les tranches de saumon et peut être accompagné de tranches de pain grillé aromatisées de jus de citron.

Préparation de la sauce

1. Mettre à cuire pendant 3 minutes le brocoli dans une casserole d'eau bouillante.
2. Retirer et égoutter dans une passoire.
3. Éplucher et émincer les oignons. Les faire rissoler dans une poêle nappée de beurre.
4. Ajouter la farine en mélangeant bien puis le lait peu à peu et cuire dans la poêle jusqu'à ce que la sauce épaississe.
5. Ajouter le sel, le poivre et la muscade.
6. Retirer du feu, ajouter le fromage puis les jaunes d'œufs peu à peu.
7. Verser dans un grand bol, ajouter le brocoli, mélanger et réserver.

pour 4 personnes

Spaghettis au thon blanc

Ingrédients

500 g de **spaghettis**

Sel, poivre

1 **citron**

Sauce

220 ml (7/8 tasse) d'**oignons**

45 ml (3 c. à soupe) d'**huile d'olive** extra vierge

1 gousse d'**ail**

285 ml (1 1/8 tasse) de **courgettes**

240 ml (1 tasse) de **poivrons**

655 ml (2 5/8 tasses) de **tomates** pelées

10 feuilles de **basilic**

1 boîte de **thon blanc**

Méthode

1. Mettre à cuire les spaghettis dans de l'eau bouillante jusqu'à ce qu'ils soient *al dente*.
2. Ajouter la sauce aux pâtes prêtes. Saler, poivrer.
3. Aromatiser de jus de citron.

Préparation de la sauce

1. Éplucher l'oignon et le couper finement.
2. Dans une poêle nappée d'huile, le faire rissoler avec la gousse d'ail légèrement écrasée.
3. Ajouter à la poêle les courgettes coupées en rondelles minces et les poivrons en tranches fines.
4. Faire rissoler l'ensemble, verser ensuite les tomates pelées.
5. Couvrir en partie la poêle.
6. En fin de cuisson, incorporer les feuilles de basilic et le thon en morceaux après l'avoir égoutté.

pour **4** personnes

Terrine de saumon

Voir photo à la page 182

Ingrédients

250 ml (1 tasse) de **carottes**

190 ml (¾ tasse) de **haricots verts**

2 **œufs**

3 tranches de **pain de mie**

Ciboulette

800 g de filets de **saumon**

1 boîte de 160 ml (⅔ tasse) de **lait concentré non sucré**

1 **citron**

Sel, poivre

Méthode

1. Préchauffer le four à 440 °F (220 °C).
2. Couper les carottes en lanières et mettre à cuire 10 minutes dans de l'eau bouillante salée.
3. Équeuter les haricots verts et les plonger 5 minutes dans une autre casserole d'eau bouillante salée.
4. Les retirer de l'eau et les laisser refroidir avant de les couper en petits morceaux. Réserver.
5. Battre les œufs dans un bol.
6. Émietter le pain de mie dans une assiette creuse.
7. Ciseler la ciboulette.
8. Cuire les filets de saumon 10 minutes dans de l'eau bouillante salée puis l'émietter délicatement dans un saladier.
9. Ajouter le lait, les œufs battus, le pain émietté, la ciboulette ciselée et aromatiser de jus de citron.
10. Saler, poivrer et mélanger.
11. Choisir un moule à tarte, le beurrer, déposer dedans la terrine en disposant dans le fonds une couche de préparation au saumon, couverte avec les haricots verts, suivie d'une autre couche de préparation puis, par-dessus, les carottes.
12. Terminer par le reste de la préparation au saumon. Enfourner le moule environ 30 minutes.

pour **4** personnes

Tranches de poisson au gingembre

Ingrédients

3 **échalotes**

500 g de filets de **poisson blanc**

1 L (4 tasses) d'**aubergines**

30 ml (2 c. à soupe) d'**huile d'olive** extra vierge

30 ml (2 c. à soupe) de **cari**

400 ml (1 ⅝ tasse) de **lait de coco**

30 ml (2 c. à soupe) de **nuoc-mâm**

125 ml (½ tasse) de **gingembre**, finement haché

Quelques feuilles de **basilic**

1 **piment vert**

Méthode

1. Éplucher et émincer finement les échalotes.
2. Couper le poisson en gros quartiers.
3. Couper les aubergines en dés.
4. Dans un wok nappé d'huile d'olive, jeter les échalotes, les aubergines et les morceaux de poisson.
5. Laisser dorer en remuant sans cesse.
6. Ajouter le cari et mélanger bien.
7. Verser le lait de coco, porter à ébullition et laisser cuire à feu assez fort pendant 5 minutes.
8. Baisser le feu, mouiller avec le nuoc-mâm, saupoudrer de gingembre et laisser mijoter 12 à 15 minutes.
9. Rectifier l'assaisonnement.
10. Ciseler des feuilles de basilic, découper le piment en fines rondelles et les disposer sur le plat.

pour **4** personnes

Truites au cheddar

Ingrédients

500 g de filet de **truite** sans la peau

1 filet d'**huile d'olive** extra vierge

Sel, poivre

440 ml (1 ¾ tasse) de **pommes de terre**

50 ml (3 c. à soupe) de **crème fraîche**

85 ml (⅓ tasse) de **beurre** tiède

150 g de **cheddar** (ou d'un fromage similaire)

4 tranches de **pain grillé**

1 **citron**

Méthode

1. Préchauffer le four à 350 °F (180 °C).
2. Découper le filet en quatre morceaux et les faire rissoler dans la poêle nappée d'huile d'olive jusqu'à ce qu'ils caramélisent un peu.
3. Saler, poivrer puis poursuivre la cuisson au four.
4. Éplucher et couper en rondelles les pommes de terre. Les cuire à la vapeur 6 à 7 minutes.
5. Chauffer la crème dans une casserole.
6. Sortir les pommes de terre, les verser dans un bol, les écraser et y ajouter le beurre et la crème chaude. Saler et poivrer.
7. Couper le cheddar en petits dés et les ajouter.
8. Sortir les truites du four et les servir avec cette préparation accompagnée de tranches de pain grillé et mouillé de jus de citron.

pour **4** personnes

Truites aux cèpes persillés

Ingrédients

1 bouquet de **persil**

1,7 L (6 ¾ tasses + 2 c. à thé) de **cèpes** frais (ou des cèpes en conserve)

55 ml (¼ tasse) de **beurre** ou d'**huile d'olive** extra vierge

Sel, poivre

Farine

4 **truites** vidées

2 gousses d'**ail**

15 ml (1 c. à soupe) de **vinaigre de vin blanc**

Méthode

1. Ciseler le persil.
2. Éplucher et émincer l'ail. Le faire revenir dans une poêle nappée de beurre ou d'huile d'olive.
3. Préparer la fricassée de cèpes frais et les laisser cuire doucement dans la même poêle.
4. L'assaisonner avec le persil et réserver.
5. Saler, poivrer et fariner les truites à l'intérieur et à l'extérieur.
6. Faire chauffer une grande poêle. Ajouter une grosse noix de beurre et la laisser fondre.
7. Poser les truites tête-bêche dans le beurre et les faire dorer pendant 10 bonnes minutes de chaque côté en surveillant la cuisson.
8. Poser les truites sur un grand plat chaud. Les entourer de cèpes, saler et poivrer.
9. Verser un filet de vinaigre dans la poêle.
10. Déglacer sur feu vif en remuant et verser ce jus sur les truites.

pour **4** personnes

Wok de cabillaud et de saumon

Ingrédients

2 ⅓ L (9 ⅓ tasses) de **pleurotes** (ou d'un autre champignon similaire)

3 **oignons verts**

2-3 brins de **citronnelle** fraîche

400 g de filets de **cabillaud**

400 g de filets de **saumon**

30 ml (2 c. à soupe) d'**huile d'olive** extra vierge

75 ml (5 c. à soupe) de **sauce soya**

Poivre

4-5 feuilles de **basilic**

1 **citron**

Méthode

1. Retirer les pieds des champignons. Les couper en petits morceaux.
2. Éplucher les oignons et les couper en fines lanières.
3. Émincer les brins de citronnelle en fines lanières.
4. Couper les filets de poisson en gros dés. Les disposer dans un plat, arroser avec un peu d'huile d'olive et mouiller avec 15 ml (1 c. à soupe) d'eau et mélanger bien.
5. Dans un wok posé sur feu vif, faire chauffer l'huile d'olive et mettre à saisir les morceaux de poisson des deux côtés.
6. Les aromatiser avec la citronnelle. Mélanger pendant 30 secondes puis déglacer le wok avec la sauce soya et verser le contenu du wok dans un saladier.
7. Remettre le wok sur le feu, verser les lanières d'oignon et les pleurotes.
8. Les faire sauter pendant 5 minutes à feu moyen puis remettre les dés de poisson et leur sauce sur les champignons.
9. Poivrer, aromatiser avec les feuilles de basilic et 1 petit verre d'eau.
10. Bien mélanger et poursuivre la cuisson pendant 2 minutes à feu vif puis retirer du feu, couvrir et laisser reposer 3 minutes avant de servir.
11. Parfumer avec le jus de citron.

pour **4** personnes

Wok de crevettes

Ingrédients

1 gousse d'**ail**

1 **poireau**

400-600 g de grosses **crevettes** crues

30 ml (2 c. à soupe) d' **huile d'olive** extra vierge

15 ml (1 c. à soupe) de **nuoc-mâm**

5 ml (1 c. à thé) de **sucre roux**

5 ml (1 c. à thé) de **grains de poivre noir**

5 ml (1 c. à thé) de **coriandre** séchée

Méthode

1. Éplucher et piler l'ail.
2. Après avoir retiré la queue et les parties non comestibles, couper le poireau en deux, puis en tronçons de 3 cm.
3. Jeter dans une casserole d'eau bouillante et laisser cuire jusqu'à ce qu'il soit tendre.
4. Égoutter dans une passoire. Réserver.
5. Décortiquer les crevettes, laisser les queues intactes, entailler le milieu des dos des crevettes pour retirer la veine, puis les aplatir légèrement.
6. Les faire revenir avec l'ail dans un wok nappé d'huile d'olive pendant environ 2 minutes.
7. Aromatiser avec le nuoc-mâm, le sucre et le poivre et poursuivre la cuisson à feu vif jusqu'à ce que les crevettes soient tendres.
8. Servir dans chaque assiette sur un lit de poireaux. Saupoudrer de coriandre.

Note

Potages et soupes

pour 2 personnes

Soupe à la courge

Ingrédients

3 **oignons**

1 gousse d'**ail**

125 ml (½ tasse) de **céleri**

1 ou 2 **pommes**

1 **courge**

Sel, poivre

15 ml (1 c. à soupe) de **beurre**

1 **feuille de laurier**

10 ml (2 c. à thé) de **cari** en poudre

1 cube de **bouillon de légumes**

500 ml (2 tasses) d'**eau**

125 ml (½ tasse) de **cheddar extra fort** râpé

Méthode

1. Préchauffer le four à 400 °F (200 °C).
2. Éplucher et hacher finement les oignons et l'ail.
3. Hacher finement le céleri. Éplucher et couper les pommes en petits quartiers.
4. Ouvrir la courge, l'épépiner et en extraire la chair.
5. Étendre la courge sur un plat huilé allant au four. Saler et poivrer.
6. Cuire 45 minutes jusqu'à ce que la chair de la courge devienne tendre.
7. Faire fondre le beurre dans une grande casserole.
8. Faire revenir 10 minutes les pommes, les oignons, le céleri et la feuille de laurier dans la casserole.
9. Ajouter le cari et l'ail. Faire cuire le tout pendant 1 minute environ en remuant sans arrêt.
10. Ajouter la courge, le cube de bouillon, le sel et couvrir d'eau. Bien mélanger.
11. Réduire le feu. Faire mijoter à découvert 30 minutes.
12. Enlever la feuille de laurier. Passer au mélangeur pour obtenir une consistance épaisse.
13. Bien mélanger à la cuillère.
14. Remettre sur le feu si nécessaire avant de servir chaud.
15. Saupoudrer de cheddar râpé.

pour **chaque** personne

Velouté de carottes à l'orange

Ingrédients

1 L (4 tasses) de **bouillon de légumes**

125 ml (½ tasse) de **jus d'orange**

125 ml (½ tasse) de **riz à cuisson rapide**

1 gousse d'**ail** hachée

250 ml (1 tasse) de **carottes** râpées

1 **citron**

Sel, **poivre**

30 ml (2 c. à soupe) de **zeste d'orange**

5 ml (1 c. à thé) de **paprika**

Méthode

1. Dans une casserole, porter à ébullition tous les ingrédients, sauf les zestes d'orange et le paprika.
2. Laisser mijoter 25 minutes à feu doux. Retirer du feu.
3. Réduire en purée au mélangeur.
4. Incorporer les zestes d'orange.
5. Remettre sur le feu et poursuivre la cuisson 2 minutes.
6. Aromatiser de paprika.

pour **4** personnes

Soupe paysanne

Ingrédients

760 ml (3 tasses) de **haricots rouges**

1 grosse **pomme de terre**

1 **oignon** haché

160 ml (⅔ tasse) de **haricots verts**

1 petit **chou**

1 **carotte**

1 **céleri**

½ **poivron rouge**

1,5 L (6 tasses) de **bouillon de légumes**

Sel, **poivre**

2 L (8 tasses) d'**épinards**

Méthode

1. Cuire les haricots rouges, les rincer et les égoutter.
2. Éplucher et découper en dés la pomme de terre.
3. Éplucher et hacher finement l'oignon.
4. Couper en morceaux les haricots verts.
5. Émincer le chou.
6. Râper la carotte.
7. Découper le céleri en morceaux.
8. Ouvrir le poivron, l'épépiner et le découper en lamelles.
9. Dans une grande casserole, mélanger l'oignon, la pomme de terre et le bouillon.
10. Faire mijoter 10 minutes.
11. Ajouter le céleri, les haricots verts, le chou, la carotte, le poivron, le sel et le poivre.
12. Laisser encore mijoter 10 minutes.
13. Ajouter les haricots rouges et les épinards.
14. Laisser encore mijoter jusqu'à ce que les légumes soient tendres.
15. Rectifier l'assaisonnement.

pour **2-3** personnes

Soupe à la tomate

Ingrédients

4 **pommes de terre** cuites à la vapeur

1 gousse d'**ail**

525 ml (2 ⅛ tasses) de **tomates** fraîches

750 ml (3 tasses) d'**eau**

1 branche de **céleri**

15 ml (1 c. à soupe) de **persil** frais haché

5 ml (1 c. à thé) d'**épices** au choix : paprika, gingembre en poudre, cannelle...

Méthode

1. Éplucher et cuire les pommes de terre à la vapeur.
2. Éplucher et émincer l'ail.
3. Couper les tomates en dés après en avoir retiré le cœur.
4. Mettre les tomates à cuire dans de l'eau bouillante avec le céleri et l'ail pendant 4 ou 5 minutes.
5. Passer au mélangeur avec les pommes de terre, assaisonner avec le persil et les épices de son choix.

Potage aux poireaux

Voir photo à la page 222

Ingrédients

4 branches de **céleri**

6 **poires** fraîches

6 **poireaux** tranchés

125 ml (½ tasse) de **persil** frais haché

30 ml (2 c. à soupe) de **beurre**

Sel, poivre

750 ml (3 tasses) de **bouillon de légumes**

1 L (4 tasses) de **lait**

125 ml (½ tasse) de **ciboulette** hachée

Méthode

1. Trancher les branches de céleri.
2. Peler les poires et les couper en dés.
3. Mettre de côté.
4. Faire revenir les poireaux, le céleri et le persil dans du beurre à feu moyen, environ 8 minutes.
5. Saler et poivrer.
6. Mouiller avec le bouillon de légumes et ajouter les morceaux de poire.
7. Cuire entre 15 et 20 minutes en veillant à ce que les poireaux deviennent bien tendres.
8. Réduire en purée au mélangeur.
9. Ajouter le lait, réchauffer et rectifier l'assaisonnement.
10. Garnir de ciboulette.

Créole **d'ananas**
(voir recette à la page 145)

Paloudes **aux tomates**
(voir recette à la page 154)

Rouleaux d'asperges **au saumon**
(voir recette à la page 155)

Soufflé **au fromage**
(voir recette à la page 103)

Pizza **aux légumes**
(voir recette à la page 111)

Terrine **de saumon**
(voir recette à la page 163)

Rillettes **de champignons**
(voir recette à la page 73)

Bouchées **à la reine**
(voir recette à la page 74)

pour **4** personnes

Velouté de légumes variés

Ingrédients

4 à 6 légumes variés au choix : **pommes de terre**, **carottes**, **céleri**, **tomates**, **fenouil**, etc.

30-45 ml (2-3 c. à soupe) d'**huile d'olive** extra vierge

Quelques herbes fraîches finement hachées : **thym**, **romarin**, **origan**...

5 ml (1 c. à thé) de **paprika**

10 ml (2 c. à thé) de **cannelle** moulue

1 L (4 tasses) d'**eau**

1 **citron**

4 tranches de **pain** biologique complet

Méthode

1. Préparer les légumes variés de son choix en les épluchant et en les détaillant.
2. Verser l'huile dans une grande casserole et y faire revenir les légumes que l'on a choisis pour leur goût et leur couleur. Avoir au moins un légume qui donne de l'épaisseur (carotte ou pomme de terre).
3. Ajouter les herbes et les épices.
4. Couvrir d'eau et laisser cuire au moins 15 minutes.
5. Quand la cuisson est suffisante, passer un mélangeur pour obtenir une soupe homogène.
6. Aromatiser de jus de citron, d'huile d'olive, et servir avec 1 ou 2 tranches de pain grillé par personne.

pour **4** personnes

Minestrone

Ingrédients

175 ml (¾ tasse) de **haricots blancs secs**

1 gros **oignon**

1 gousse d'**ail**

45 ml (3 c. à soupe) d'**huile d'olive** extra vierge

2 **carottes**

315 ml (1 ¼ tasse) de **chou blanc**

190 ml (¾ tasse) de **haricots verts**

245 ml (1 tasse) de **petits pois**

2 **pommes de terre**

4 **tomates**

2 L (8 tasses) de **bouillon de légumes**

15 ml (1 c. à soupe) de **thym**

15 ml (1 c. à soupe) de **romarin**

Sel, poivre

15 ml (1 c. à soupe) de **basilic** frais

1 **citron**

Méthode

1. Mettre à tremper la veille les haricots blancs secs.
2. Éplucher et couper en rondelles l'oignon et l'ail.
3. Faire rissoler dans une poêle nappée d'huile chaude.
4. Ajouter les carottes coupées en morceaux, le chou émincé finement, les haricots coupés, les pois, les pommes de terre coupées en dés et les tomates coupées en morceaux.
5. Laisser suer quelques instants.
6. Mouiller avec le bouillon de légumes, aromatiser avec le thym et le romarin et ajouter les haricots égouttés.
7. Faire cuire au moins 30 minutes à l'autocuiseur.
8. Assaisonner de sel, poivre et basilic et aromatiser de jus de citron.

Note : Cette soupe peut être dégustée avec un pesto de basilic.

pour **4** personnes

Bouillon de légumes

Ingrédients

2 **oignons**

2 gousses d'**ail**

6 **carottes**

4 branches de **céleri**

660 ml (2 ⅔ tasses) de **tomates**

50 ml (3 c. à soupe) de **beurre** ou d'**huile d'olive** extra vierge

30 ml (2 c. à soupe) de **persil** frais haché

10 **grains de poivre**

5 ml (1 c. à thé) de **thym**

2 **feuilles de laurier**

3 L (12 tasses) d'**eau**

1 **citron**

Méthode

1. Éplucher et hacher les oignons.
2. Éplucher et broyer l'ail.
3. Éplucher et râper les carottes.
4. Hacher finement les branches de céleri.
5. Hacher les tomates après en avoir retiré le cœur.
6. Faire revenir les légumes (sauf les tomates) dans une poêle nappée de beurre ou d'huile d'olive.
7. Ajouter les tomates, les assaisonnements et l'eau.
8. Laisser mijoter jusqu'à ce que la moitié du liquide ait réduit.
9. Filtrer.
10. Aromatiser de jus de citron.

pour **2** personnes

Potage aux lentilles corail

Voir photo à la page 223

Ingrédients

1 **oignon**

1 gousse d'**ail**

3 **carottes**

45 ml (3 c. à soupe) d'**huile d'olive** extra vierge

375 ml (1 ½ tasse) de **lentilles corail**

2 L (8 tasses) de **bouillon de légumes**

Thym

Sel, poivre

5 ml (1 c. à thé) de **paprika**

500 ml (2 tasses) de **croûtons de pain**

Méthode

1. Éplucher et hacher finement l'oignon et l'ail.
2. Éplucher les carottes et les découper en rondelles.
3. Faire rissoler l'oignon, l'ail et les carottes dans une poêle nappée d'un peu d'huile d'olive.
4. Ajouter les lentilles, le bouillon, le thym et l'assaisonnement.
5. Porter à ébullition, puis laisser mijoter 30 minutes.
6. Servir chaud avec des croûtons de pain.

pour **2** personnes

Soupe au potiron

Voir photo à la page 224

Ingrédients

1 **oignon**

1 gousse d'**ail**

1 **potiron** de taille moyenne

15 ml (1 c. à soupe) d'**huile d'arachide**

1 L (4 tasses) de **bouillon de légumes**

5 ml (1 c. à thé) de **paprika** ou de **cumin**

Sel, **poivre**

Méthode

1. Éplucher l'oignon et l'ail.
2. Détailler et hacher finement.
3. Couper le potiron en petits quartiers.
4. Dans une poêle nappée d'huile, mettre l'oignon à rissoler.
5. Ajouter le potiron, le bouillon de légumes, l'ail et assaisonner au goût.
6. Laisser cuire 30 minutes à feu moyen.

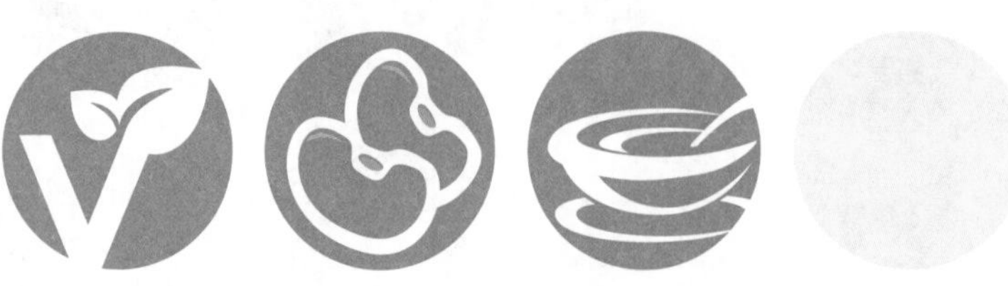

pour **2-3** personnes

Soupe de maïs et de lentilles

Ingrédients

200 ml (7/8 tasse) d'**oignons**

200 ml (7/8 tasse) de **carottes**

200 ml (7/8 tasse) de **céleri**

3,25 L (13 tasses) d'**eau**

800 ml (3 1/4 tasses) de **lentilles**

50 ml (3 c. à soupe) d'**huile d'olive** extra vierge

200 ml (7/8 tasse) de **maïs en grains**

60 ml (1/4 tasse) de **pâte de tomates**

Sel, poivre

Cumin

Méthode

1. Éplucher et détailler en rondelles les oignons, les carottes et couper en dés le céleri.
2. Amener l'eau à ébullition, verser les lentilles et cuire environ 30 minutes.
3. Faire revenir dans une poêle nappée d'huile le céleri, les oignons et les carottes, puis ajouter le maïs et la pâte de tomates.
4. Toujours sur le feu, ajouter ce mélange aux lentilles.
5. Assaisonner avec le sel, le poivre et le cumin.
6. Terminer la cuisson à feu doux.

pour **4** personnes

Gaspacho

Ingrédients

6 grosses **tomates** de saison, bien mûres, bien juteuses et très parfumées

1 gros **oignon**

12 petits **oignons nouveaux**

2 **concombres**

1 **poivron vert** et 1 **poivron rouge**

6 tranches de **pain** rassis

Sel, poivre

60 ml (¼ tasse) d'**huile d'olive** extra vierge

30 ml (2 c. à soupe) de **cerfeuil** frais haché

30 ml (2 c. à soupe) de **persil** frais haché

2 gousses d'**ail**

Piment de Cayenne

Méthode

1. Éplucher et couper les légumes et le pain en lanières.
2. Dans un saladier, préparer la garniture avec la moitié d'un concombre, le tiers de chaque poivron et les oignons verts.
3. Passer au mélangeur les autres ingrédients avec 15 ml (1 c. à soupe) d'huile et obtenir une purée peu épaisse.
4. Saler, poivrer et aromatiser avec les herbes et le piment.
5. Mettre au réfrigérateur pendant au moins 3 heures.
6. Servir bien frais avec la garniture.

pour 2 personnes

Soupe de concombre

Ingrédients

2 **concombres**

2 **tomates** fraîches

2 petits **oignons**

10 ml (2 c. à thé) d'**huile d'olive** extra vierge

1 cube de **bouillon de volaille**

45-60 ml (3-4 c. à soupe) de **kéfir** ou de **yogourt nature**

Méthode

1. Éplucher les concombres, les épépiner puis les couper en petits morceaux.
2. Plonger les tomates dans de l'eau bouillante environ 1 minute pour les peler mais sans les couper en morceaux.
3. Éplucher et émincer les oignons.
4. Faire revenir les oignons dans une poêle nappée d'huile.
5. Ajouter le concombre et les tomates entières.
6. Faire revenir le tout pendant quelques minutes puis couvrir d'eau bouillante (juste ce qu'il faut, sans noyer les légumes) et jeter dedans le cube de bouillon.
7. Laisser bouillir à feu doux pendant 15 minutes.
8. Retirer les légumes avec une écumoire, laisser tiédir et mélanger avec le kéfir ou le yogourt.
9. Rectifier l'assaisonnement.

Note

Fondues

pour **6** personnes

Fondue épicée

Ingrédients

2-3 **piments rouges**

2 ou 3 gousses d'**ail**

1 ou 2 petits **oignons**

1 **poivron vert** et 1 **poivron rouge**

30 ml (2 c. à soupe) d'**huile d'olive** extra vierge

500 ml (2 tasses) de **vin blanc**

10 ml (2 c. à thé) de **jus de citron**

2,6 L (10 ⅔ tasses) de **gruyère**

30 ml (2 c. à soupe) de **fécule de maïs**

2 petits **verres de grappa** (eau-de-vie italienne de marc de raisin)

Noix de muscade

Poivre

Méthode

1. Épépiner les piments, les couper en toutes petites rondelles et les faire blanchir un peu à la poêle.
2. Éplucher puis hacher l'ail et l'oignon.
3. Ouvrir les poivrons en deux, en retirer les cœurs et les pépins, puis les découper en petits dés.
4. Mettre à blondir l'ail et l'oignon dans de l'huile chaude dans un caquelon.
5. Ajouter les morceaux de poivron. Couvrir et laisser cuire environ 6 minutes.
6. Ajouter le vin blanc et le jus de citron.
7. Râper le gruyère et le mélanger avec la fécule de maïs.
8. Ajouter le mélange de gruyère dans le caquelon et porter à ébullition en remuant sans interruption de manière à obtenir une fondue onctueuse et homogène.
9. Dès que le fromage est fondu, mouiller avec de la grappa, saupoudrer des piments, de noix de muscade râpée et de poivre fraîchement moulu.

pour **4** personnes

Fondue à la tomate

Ingrédients

2 gousses d'**ail**

15 ml (1 c. à soupe) de **beurre**

150 ml (⅝ tasse) de **jus de tomates**

15 ml (1 c. à soupe) de **pâte de tomates**

1 pincée de **sucre**

1 L (4 tasses) de **bouillon de légumes**

350 g de **mélange de fromages à fondue** de son choix

5 ml (1 c. à thé) de **fécule de maïs**

50 ml (3 c. à soupe) de **vin rouge**

15 ml (1 c. à soupe) de **grappa**

Sel, poivre

Méthode

1. Éplucher et détailler l'ail en petites rondelles.
2. Faire fondre doucement le beurre dans une casserole, y faire revenir l'ail, mais éviter de le faire dorer.
3. Ajouter sur le même feu le jus de tomates, la pâte de tomates et le sucre.
4. Bien mélanger et ajouter le bouillon.
5. Retirer du feu, râper grossièrement au-dessus du bouillon le mélange de fromages en remuant constamment.
6. Porter très lentement à ébullition pour faire fondre les fromages.
7. Délayer la fécule de maïs dans le vin rouge, ajouter en remuant.
8. Ajouter le bouillon, parfumer avec la grappa, puis saler et poivrer selon ses goûts.

Fondue au fromage et à la bière

Ingrédients

30 ml (2 c. à soupe) de **beurre**

30 ml (2 c. à soupe) de **farine**

5 ml (1 c. à thé) de **moutarde**

350 ml (1 ⅜ tasse) de **bière blonde**

5 ml (1 c. à thé) de **sauce Worcestershire**

500 ml (2 tasses) de **cheddar**

250 ml (1 tasse) de **tofu**

Croûtons de pain

Méthode

1. Mettre le beurre à fondre dans une casserole à feu doux, verser la farine et la moutarde et bien mélanger.
2. Ajouter la bière et la sauce Worcestershire.
3. Porter le tout à ébullition sur feu doux jusqu'à ce que le liquide s'évapore de manière à obtenir une consistance un peu épaisse.
4. Baisser le feu, râper par-dessus le fromage et le tofu, puis remuer.
5. Verser dans un caquelon maintenu sur le feu.
6. Servir avec des croûtons de pain et des crudités au choix.

pour **3** personnes

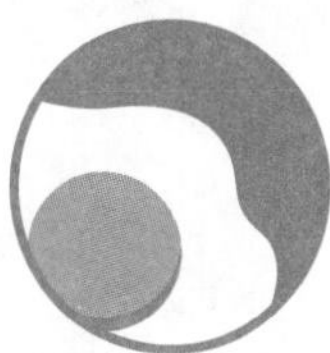

Fondue à la bière noire

Ingrédients

4 **œufs**

500 ml (2 tasses) de **cheddar**

30 ml (2 c. à soupe) de **beurre**

65 ml (¼ tasse) de **bière noire**

5 ml (1 c. à thé) de **sauce Worcestershire**

1 **citron**

1 ml (¼ c. à thé) de **poivre**

6 tranches de **pain** grillé

Méthode

1. Battre les œufs dans un bol.
2. Couper le fromage en morceaux et le mettre dans une casserole avec le beurre et la bière.
3. Cuire à feu très lent, en mélangeant sans arrêt, jusqu'à ce que le fromage fonde complètement.
4. Verser par-dessus peu à peu la sauce Worcestershire, un peu de jus de citron et les œufs en mélangeant sans arrêt, jusqu'à obtenir un mélange bien crémeux.
5. Poivrer et servir avec le pain grillé.

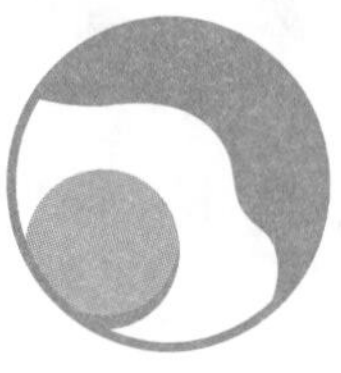

pour **4** personnes

Fondue aux œufs

Ingrédients

500 ml (2 tasses) de **lait**

5 ml (1 c. à thé) de **sel**

1 ml (¼ c. à thé) de **poivre**

500 ml (2 tasses) de **mie de pain sec**

2 ml (½ c. à thé) de **moutarde**

500 ml (2 tasses) de **fromage** râpé

4 **œufs**

Méthode

1. Préchauffer le four à 350 °F (180 °C).
2. Mettre le lait à chauffer doucement dans une casserole, saler et poivrer.
3. Ajouter la mie de pain, la moutarde et le fromage râpé.
4. Laisser cuire pendant 5 minutes, à feu doux, en mélangeant régulièrement sans arrêt.
5. Casser les œufs dans 2 bols de manière à séparer les blancs des jaunes.
6. Battre les jaunes d'œufs et ajouter aux jaunes d'œufs le mélange de fromage chaud.
7. Continuer de battre jusqu'à obtenir un mélange lisse et homogène.
8. Laisser refroidir pendant 20 minutes.
9. Battre de leur côté les blancs d'œufs en neige, puis les ajouter au mélange du fromage.
10. Verser dans un plat à tarte beurré.
11. Enfourner pendant 30 minutes.

pour **4** personnes

Raclette aux pommes de terre

Ingrédients

4 feuilles de **sauge**

1,3 L (5 ⅓ tasses) de **pommes de terre**

30 ml (2 c. à soupe) d'**huile d'olive** extra vierge

150 g de **fromage à raclette**

150 ml (⅝ tasse) de **crème entière**

Noix de muscade

Sel, poivre

Quelques feuilles de **sauge**

Méthode

1. Ciseler les feuilles de sauge.
2. Cuire les pommes de terre avec leur peau, les laisser refroidir, les éplucher et les couper en morceaux.
3. Cuire les pommes de terre et la sauge dans une poêle nappée d'un peu d'huile durant 10 minutes en remuant souvent.
4. Toujours sur le feu, écraser les pommes de terre, couper le fromage en lanières, l'ajouter aux pommes de terre et le laisser fondre.
5. Arroser de crème et réduire.
6. Assaisonner de muscade, de sel et de poivre.
7. Laisser bien brunir le fond et garnir de sauge.

NOTE : Cette raclette peut être accompagnée d'une compote de pommes ou de poires.

pour **6** personnes

Raclette aux poires

Ingrédients

3 brins de **romarin**

750 ml (3 tasses) de **vin rouge** de bonne qualité

8 **grains de poivre**

2 **clous de girofle**

4 petites **poires**

300 g de **fromage à raclette suisse**, en tranches

5 ml (1 c. à thé) de feuilles de **romarin** frais

Méthode

1. Hacher le romarin.
2. Dans une casserole, chauffer le vin avec le romarin, le poivre et les clous de girofle.
3. Éplucher les poires, les couper en deux, enlever le cœur.
4. Les verser dans le vin chaud et les laisser cuire jusqu'à ramollissement, retirer la casserole du feu et laisser refroidir.
5. Répartir le fromage dans les poêlons et parsemer de romarin.
6. Retirer les poires du vin et les mettre à égoutter sur un torchon.
7. Les découper en éventail et les disposer sur les tranches de fromage.
8. Laisser fondre dans le four à raclette.

NOTE : Cette raclette peut être accompagnée de pain aux noix, de baguette ou de petites pommes de terre rondes cuites en robe de chambre.

Note

Salades

pour **4** personnes

Salade de haricots verts

Ingrédients

30 ml (2 c. à soupe) de **graines de seigle**

130 ml (½ tasse) de **haricots verts**

2 **tomates**

Quelques feuilles de **menthe** fraîche

Sel, poivre

200-250 g de **fromage**

Méthode

1. Mettre à tremper la veille les graines de seigle dans de l'eau froide.
2. Émincer les feuilles de menthe.
3. Équeuter les haricots verts et les mettre à cuire dans de l'eau bouillante salée.
4. Les égoutter dans une passoire, les laisser refroidir, puis les couper en morceaux.
5. Plonger les tomates dans de l'eau bouillante environ 1 minute pour les peler, les passer sous l'eau froide, les éplucher, les ouvrir, en retirer les cœurs, et les tailler en petits morceaux.
6. Dans un saladier, mélanger les haricots verts, les tomates, les graines de seigle égouttées et la menthe.
7. Assaisonner.
8. Ajouter par-dessus le fromage en le coupant en lanières.

Note : Cette salade peut aussi être agrémentée de tomates cerises coupées en quatre.

pour **2** personnes

Chou à l'aigre-doux

Ingrédients

1 ⅓ L (4 ⅓ tasses) de **chou blanc**

3 **poivrons** : verts et rouges au choix

1 **piment** frais

10 ml (2 c. à thé) de **sucre**

15 ml (1 c. à soupe) de **sauce soya**

Quelques gouttes d'**huile de sésame** aromatique

30 ml (2 c. à soupe) d'**huile d'olive** extra vierge

Sel

Méthode

1. Découper le chou en larges lanières.
2. Évider les poivrons, les épépiner, les découper en fines lanières. Faire de même avec le piment.
3. Mélanger tous les ingrédients sur le sel et l'huile d'olive dans un saladier.
4. Faire chauffer les ingrédients dans une poêle, à feu vif, avec 2 cuillerées à soupe d'huile d'olive puis ajouter le sel.
5. Faire cuire à feu doux quelques minutes en remuant jusqu'à ce que la préparation soit cuite à point.
6. Servir chaud.

NOTE : Ce plat peut être accompagné de pommes de terre cuites à la vapeur.

pour 2 personnes

Chou rouge aux pommes

Voir photo à la page 217

Ingrédients

2 **pommes**

2 gros **oignons**

1 **chou rouge**

Huile d'olive extra vierge

Sel, poivre

Herbes de Provence

1 **citron**

Méthode

1. Peler les pommes et les couper en morceaux après les avoir épépinées et en avoir retiré le cœur.
2. Éplucher les oignons et les couper en fines rondelles.
3. Couper le chou rouge en lanières.
4. Dans une cocotte, faire revenir les oignons dans de l'huile d'olive, puis le chou rouge.
5. Ajouter un peu d'eau en cas de besoin. Cinq minutes avant la fin de la cuisson, ajouter les pommes coupées en morceaux.
6. Saupoudrer de sel, de poivre et des herbes de Provence.
7. Couvrir et laisser finir de cuire.
8. Aromatiser de jus de citron.

pour **2** personnes

Fettucine à la roquette

Ingrédients

150 g de **fettucine** frais

15 ml (1 c. à soupe) de **gros sel**

1 poignée de feuilles de **roquette**, hachées grossièrement

2 **tomates** bien mûres

30 ml (2 c. à soupe) de mélange de **basilic**, **persil**, **thym** frais au choix

30 ml (2 c. à soupe) d'**huile d'olive** extra vierge

Sel, **poivre**

4 tranches de **pain** grillées

1 **citron**

Méthode

1. Faire cuire les pâtes dans de l'eau bouillante salée selon les indications du fabricant jusqu'à ce qu'elles soient *al dente*.
2. Dans un saladier, mélanger la roquette, les tomates épluchées, coupées en petits dés, le mélange d'herbes aromatiques et l'huile.
3. Verser les pâtes dans le saladier, poivrer et mélanger.
4. Servir dans des assiettes chaudes avec les tranches de pain grillées parfumées de jus de citron.

pour **3** personnes

Salade d'endives au boulgour

Ingrédients

1 L (4 tasses) d'**eau**

30 ml (2 c. à soupe) d'**huile d'olive** extra vierge

500 ml (2 tasses) de **boulgour**

3 grosses **endives**

Sel, poivre

10 ml (2 c. à thé) de **persil** frais haché

1 **citron**

5 ml (1 c. à thé) de **vinaigre de cidre**

Méthode

1. Faire bouillir environ 1 litre d'eau.
2. Napper une poêle d'huile et la faire chauffer.
3. Verser dedans le boulgour et le faire légèrement dorer.
4. Verser par-dessus peu à peu l'eau bouillante et laisser le boulgour s'imprégner de toute l'eau.
5. Retirer du feu lorsque le boulgour cuit a bu toute l'eau.
6. Laisser reposer.
7. Émincer les endives, les disposer dans un saladier et ajouter le boulgour.
8. Assaisonner selon son goût, arroser d'un peu de vinaigre de cidre et mélanger soigneusement.
9. Saupoudrer de persil et parfumer de jus de citron.

pour **4** personnes

Salade et omelette aux herbes

Ingrédients

Vinaigrette ou **sauce** de son choix

Mesclun (mélange de laitues variées)

Omelette

4 **œufs**

30 ml (2 c. à soupe) de **crème fraîche**

5 ml (1 c. à thé) de **ciboulette** fraîche hachée

5 ml (1 c. à thé) de **basilic** frais haché

Sel, **poivre**

30 ml (2 c. à soupe) d'**huile d'olive** extra vierge

Méthode

1. Dans un saladier, verser la vinaigrette, saler, poivrer, verser le mesclun et mélanger.
2. Répartir la salade dans les assiettes, ajouter les lanières d'omelette.

Préparation de l'omelette

1. Battre les œufs dans un bol, ajouter la crème fraîche et les herbes.
2. Saler, poivrer et battre encore pour bien mélanger.
3. Verser dans une poêle chaude nappée d'huile et cuire à feu moyen. L'omelette doit rester crémeuse sur le dessus.
4. Démouler sur une planche.
5. Laisser refroidir, couper en lanières.

pour **2** personnes

Salade de soya et de poires à la sauce sésame

Ingrédients

1 ¼ L (5 tasses) de **fèves de soya** fraîches

1 branche de **céleri**

2 **poires** mûres

2 ⅓ L (9 ⅓ tasses) de **pousses de pois mange-tout**

375 ml (1 ½ tasse) de **pois mange-tout**

145 ml (⅝ tasse) de **ciboulette** hachée

3-4 brins de **coriandre fraîche**

Sauce de sésame

Méthode

1. Ôter l'extrémité brune des fèves de soya.
2. Couper le céleri en fins bâtonnets.
3. Peler et épépiner les poires, les couper en bâtonnets, les mettre dans un saladier et couvrir d'eau pour les empêcher de brunir.
4. Égoutter les poires.
5. Mettre tous les ingrédients et les brins de coriandre dans un grand saladier.
6. Verser la sauce de sésame et tourner délicatement.

Note : Cette salade peut être agrémentée avec des noix ou des tranches de haddock ou de saumon.

pour **2** personnes

Salade aux champignons de Paris

Ingrédients

1 **laitue** de son choix

1 dizaine de **noix**

1 **échalote**

2 brins de **persil**

30 ml (2 c. à soupe) de **beurre**

⅓ L (5-5 ⅓ tasses) de **champignons de Paris**

Sel, poivre

30 ml (2 c. à soupe) de **vinaigre de vin**

Vinaigrette

Méthode

1. Préparer les feuilles de laitue en les découpant dans un saladier.
2. Écaler les noix, en retirer les cerneaux, les broyer grossièrement.
3. Éplucher l'échalote, la hacher finement.
4. Couper finement le persil.
5. Dans une poêle, faire rissoler légèrement l'échalote au beurre.
6. Couper les champignons en gros morceaux, après en avoir retiré les pieds, les ajouter dans la poêle, saler, poivrer et faire revenir 5-6 minutes.
7. Saupoudrer de persil finement haché.
8. Déglacer la poêle au vinaigre de vin puis arrêter le feu et mélanger dans la poêle.
9. Dans le saladier contenant les feuilles de laitue, ajouter la vinaigrette, les noix broyées, les champignons tièdes.
10. Bien mélanger.

Note : La salade peut être agrémentée de baies roses ou de grains de poivre vert.

pour **2-3** personnes

Salade de navets et de carottes

Ingrédients

1 grosse **laitue**

2 **carottes**

1 poignée de **graines de courge** grillées à sec et concassées

45 ml (3 c. à soupe) d'**huile d'olive** extra vierge

1 **navet**

2 **pommes**

1 **citron**

Vinaigre de cidre biologique

Méthode

1. Préchauffer le four à 350 °F (180 °C).
2. Préparer la laitue en séparant les feuilles dans un saladier.
3. Éplucher et râper les carottes dans un bol.
4. Étaler les graines de courge sur une plaque de cuisson.
5. Les enfourner pendant 20 minutes environ, jusqu'à ce qu'elles dorent, mais sans les brûler.
6. Ensuite les concasser dans un mortier.
7. Râper le navet au-dessus d'un bol.
8. Éplucher les pommes et les râper dans un autre bol.
9. Disposer les feuilles de salade, le navet, les carottes et les pommes en les séparant bien dans chaque assiette.
10. Arroser généreusement d'huile d'olive, ajouter un filet de vinaigre de cidre.
11. Saler et parsemer de graines de courges.

pour **2** personnes

Salade de radis roses et de saumon

Ingrédients

2 bottes de **radis roses**

1 poignée de **graines de luzerne germées**

30 ml (2 c. à soupe) d'**huile d'olive** extra vierge

1 **citron**

Sel

1 dizaine de **noisettes**

2 tranches de **saumon fumé**

Méthode

1. Retirer les queues des radis et les couper en rondelles.
2. Mélanger dans un saladier les radis aux graines de luzerne, arroser d'huile d'olive et de jus de citron, puis saler.
3. Broyer grossièrement les noisettes dans un mortier.
4. Avant de servir, parsemer la salade des noisettes concassées et poser les tranches de saumon par-dessus.
5. Aromatiser le saumon d'un filet de jus de citron.

pour **5** personnes

Salade grecque aux œufs pochés

Ingrédients

2 **concombres**

330 ml (1 ⅓ tasse) de **tomates**

1 **oignon**

350 g de **féta**

215 ml (⅞ tasse) d'**olives noires**

2 L (8 tasses) de **laitue**

Œufs

Vinaigrette

340 ml (1 ⅜ tasse) de **yogourt nature**

5-6 feuilles de **basilic**

Graines de coriandre en poudre

55 ml (¼ tasse) d'**huile d'olive** extra vierge

Sel, poivre blanc en grains

1 grosse gousse d'**ail**

Méthode

1. Éplucher les concombres, les couper en quartiers, les saler et les faire dégorger dans un bol.
2. Couper les tomates en tranches après en avoir retiré le cœur.
3. Éplucher l'oignon et le couper en rondelles.
4. Couper le fromage en petits dés.
5. Disposer les ingrédients dans de petits saladiers, ajouter les olives noires et bien mélanger.
6. Assaisonner la salade avec la sauce.
7. Mettre les œufs à pocher dans de l'eau bouillante vinaigrée.
8. Les sortir délicatement et poser sur la salade.

Préparation de la vinaigrette

1. Verser le yogourt dans le mélangeur, ajouter le basilic, un peu de graines de coriandre en poudre, l'huile d'olive, du sel, une pincée de poivre frais et l'ail épluché et écrasé.
2. Broyer le tout.
3. Rectifier le goût.
4. Réserver.

Chou rouge **aux pommes**
(voir recette à la page 208)

Salade **océane**
(voir recette à la page 225)

Couscous
(voir recette à la page 79)

Gratin de **bettes à carde aux œufs**
(voir recette à la page 240)

Risotto **aux champignons**
(voir recette à la page 233)

Potage **aux poireaux**
(voir recette à la page 176)

Potage **aux lentilles corail**
(voir recette à la page 188)

Soupe **au potiron**
(voir recette à la page 189)

pour 4 personnes

Salade océane

Voir photo à la page 218

Ingrédients

Coquilles Saint-Jacques

45 ml (3 c. à soupe) d'**huile d'olive** extra vierge

250 g de **crevettes** cuites

500 g de **moules** cuites

160 g de petits **poulpes**

1 **citron**

4 **cornichons**

1 bouquet de **persil**

250 g de **thon** en conserve

760 ml (3 tasses) de **salade verte**

Sel, poivre

4 tranches de **pain** grillées

Beurre

1 gousse d'**ail**

Méthode

1. Mettre les coquilles Saint-Jacques à décongeler, puis les faire sauter dans une poêle nappée avec un peu d'huile d'olive.
2. Les laisser refroidir.
3. Rincer les crevettes.
4. Nettoyer et laver les moules.
5. Mettre à bouillir les poulpes pendant 20 minutes dans de l'eau teintée du jus d'un demi-citron.
6. Les égoutter et retirer les tentacules.
7. Couper les cornichons en rondelles.
8. Hacher finement le bouquet de persil.
9. Éplucher et hacher finement l'ail.
10. Égoutter le thon dans une passoire.
11. Préparer et assaisonner la salade verte.
12. Mélanger le tout dans un saladier.
13. Assaisonner de 2 cuillerées à soupe d'huile et du jus d'un demi-citron.
14. Saler et poivrer.
15. Servir avec les tranches de pain grillées, parfumées d'un peu de jus de citron.

Salade d'aiglefin fumé

Ingrédients

1 **salade**

2 **endives**

Un bouquet de **persil**

1 **citron**

2 grosses **pommes de terre**

100 g d'**emmental**

235 ml (1 tasse) de **noix**

Environ 200 g d'**aiglefin fumé**

20 ml (4 c. à thé) de **beurre**

Vinaigrette

Méthode

1. Cuire les pommes de terre dans de l'eau bouillante.
2. Laisser refroidir et enlever leur peau.
3. Préparer quelques feuilles de salade.
4. Couper les endives en rondelles.
5. Hacher la moitié du persil.
6. Découper le fromage en copeaux.
7. Écaler les noix, en retirer les cerneaux, les broyer grossièrement.
8. Décorer les assiettes de feuilles de salade et d'endives, recouvrir de quartiers de pommes de terre cuites, de copeaux d'emmental, de morceaux d'aiglefin et de morceaux de noix.
9. Saupoudrer de persil, arroser de vinaigrette et d'un peu de jus de citron.

Note

Riz

pour **4** personnes

Pois mange-tout à la cantonaise

Ingrédients

1 ¼ L (5 tasses) de **riz** complet, biologique de préférence

2 **échalotes**

1 gousse d'**ail**

12 **champignons**

30 ml (2 c. à soupe) d'**huile**

500 ml (2 tasses) de **pois mange-tout**

5 ml (1 c. à thé) de **fécule de maïs**

125 ml (½ tasse) de **bouillon de légumes**

Poivre

5 ml (1 c. à thé) de **sauce soya**

Méthode

1. Cuire le riz selon les indications du fabricant.
2. Éplucher et hacher les échalotes et l'ail.
3. Équeuter et émincer les champignons.
4. Faire chauffer l'huile dans un wok.
5. Incorporer les champignons, les échalotes et l'ail. Faire revenir 2 minutes à feu vif.
6. Ajouter les pois mange-tout et bien mélanger.
7. Ajouter le bouillon et laisser mijoter jusqu'à ce que les pois soient tendres. Poivrer.
8. Délayer la fécule de maïs dans un peu d'eau.
9. Ajouter dans le wok la fécule délayée et la sauce soya.
10. Servir avec le riz ou accompagné de nouilles chinoises.

pour **6-8** personnes

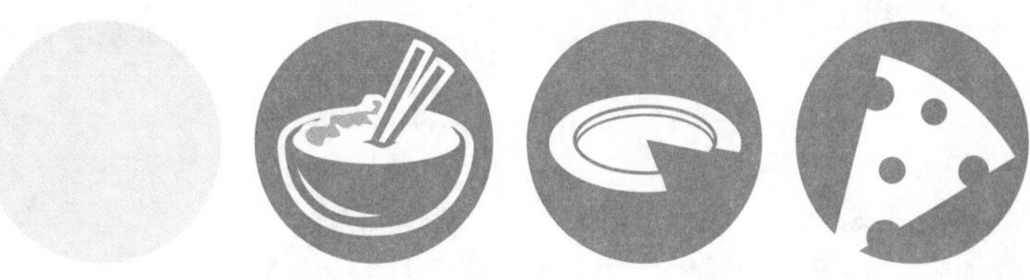

Riz aux tomates séchées

Ingrédients

1,8 L (7 ¾ tasses + 2 c. à thé) de **riz** complet, biologique de préférence

4 à 6 **tomates séchées**

2 **échalotes**

120 g de **féta**

Herbes de Provence

45 ml (3 c. à soupe) d'**huile d'olive** extra vierge

1 **citron**

Sel, poivre

Méthode

1. Cuire le riz et laisser refroidir dans une passoire.
2. Hacher grossièrement les tomates séchées, éplucher les échalotes, les hacher, émietter le féta dans un bol.
3. Dans un saladier, mélanger tous les ingrédients, aromatiser d'herbes de Provence, arroser d'huile d'olive extra vierge, d'un peu de jus de citron, saler et poivrer.
4. Mélanger encore.

pour **4** personnes

Riz aux herbes

Ingrédients

1 **oignon**

500 ml (2 tasses) d'**eau**

4 branches de **coriandre**

30 ml (2 c. à soupe) d'**huile d'olive** extra vierge

1 ¼ L (5 tasses) de **riz** complet, biologique de préférence

3 branches de **cerfeuil**

3 branches de **basilic**

Sel, **poivre**

Méthode

1. Éplucher et émincer l'oignon.
2. Verser l'eau dans une casserole.
3. Ajouter les branches de coriandre et porter à ébullition.
4. Dès les premiers bouillons, retirer du feu et mélanger.
5. Dans une sauteuse, faire revenir l'oignon dans l'huile d'olive, ajouter le riz en remuant.
6. Lorsque les grains changent de couleur, y verser l'eau à la coriandre.
7. Couvrir, baisser le feu et poursuivre la cuisson jusqu'à ce que le riz ait absorbé tout le liquide.
8. Compter 15 minutes environ.
9. Ajouter les branches de cerfeuil et de basilic.
10. Saler, poivrer et bien mélanger.

pour 3-4 personnes

Risotto aux champignons

Voir photo à la page 221

Ingrédients

2 **poireaux**

30 ml (2 c. à soupe) de **persil** frais

1 L (4 tasses) de **bouillon de légumes**

250 ml (1 tasse) de **vin blanc**

15 ml (1 c. à soupe) d'**huile d'olive** extra vierge

30 ml (2 c. à soupe) de **beurre**

1 ⅔ L (6 ⅔ tasses) de **champignons** émincés

590 ml (2 ⅜ tasses) de **riz**

120 ml (8 c. à soupe) de **parmesan** râpé

Sel, poivre

5 ml (1 c. à thé) de **paprika**

Méthode

1. Après les avoir équeutés, émincer finement les poireaux.
2. Hacher finement le persil.
3. Verser le bouillon et le vin blanc dans une casserole, porter à ébullition puis baisser le feu et maintenir à un léger frémissement.
4. Faire chauffer l'huile et le beurre dans une grande casserole.
5. Faire revenir les poireaux pendant 5 minutes, jusqu'à ce qu'ils dorent un peu.
6. Ajouter les champignons et prolonger la cuisson de 3 minutes encore en remuant de temps en temps.
7. Ajouter le riz et remuer jusqu'à ce que les grains deviennent translucides.
8. Verser environ 250 ml (1 tasse) de bouillon chaud sur le riz.
9. Ajouter le paprika.
10. Faire cuire à feu moyen en remuant jusqu'à ce que le liquide soit absorbé.
11. Continuer à ajouter le liquide chaud, petit à petit (125 ml [½ tasse] à la fois), en remuant, jusqu'à ce qu'il soit complètement absorbé et que le riz soit tendre.
12. Ajouter le persil et le parmesan.
13. Assaisonner à son goût.

pour **4** personnes

Riz rouge

Ingrédients

1 **oignon**

340 ml (1 ⅜ tasse) de **champignons**

45 ml (3 c. à soupe) d'**huile d'olive** extra vierge

30 ml (2 c. à soupe) de **pâte de tomates**

625 ml (2 ½ tasses) de **riz** complet, biologique de préférence

1 ml (¼ c. à thé) de poudre de **chili** ou de **poivre**

1 L (4 tasses) **bouillon de légumes**

Sel, poivre

Méthode

1. Éplucher, émincer et hacher finement l'oignon.
2. Couper les champignons en lanières.
3. Faire chauffer l'huile dans une casserole.
4. Ajouter l'oignon haché et les lanières de champignons.
5. Faire sauter pendant 2 minutes.
6. Ajouter la pâte de tomates, le riz, les épices et bien mélanger.
7. Ajouter le bouillon de légumes et faire bouillir en remuant.
8. Couvrir et laisser mijoter 20 minutes, jusqu'à ce que le riz ait absorbé le liquide.
9. Assaisonner à son goût.

pour **2** personnes

Lentilles au riz

Ingrédients

3 gros **oignons rouges**

3 gousses d'**ail**

220 ml (7/8 tasse) de **lentilles vertes**

245 ml (1 tasse) de **riz**

250 ml (1 tasse) d'**huile d'olive** extra vierge

60 ml (1/4 tasse) de **beurre**

10 ml (2 c. à thé) de **cannelle moulue**

10 ml (2 c. à thé) de **paprika**

10 ml (2 c. à thé) de **cumin**

3 **oignons verts** hachés

Sel, poivre

Méthode

1. Éplucher, émincer et hacher les oignons rouges.
2. Éplucher et broyer l'ail dans un mortier.
3. Faire cuire les lentilles et le riz séparément.
4. Les égoutter dans une passoire.
5. Cuire les oignons rouges et l'ail 30 minutes à feu doux, dans l'huile et le beurre jusqu'à ce qu'ils soient bien tendres.
6. Incorporer les épices et prolonger la cuisson de quelques minutes.
7. Mélanger les oignons épicés avec le riz et les lentilles.
8. Ajouter les oignons verts, saler et poivrer.

pour **2-3** personnes

Nems au riz à la sauce aigre-douce

Ingrédients

10-12 **feuilles de papier de riz déshydratées**

360 ml (1 3/8 tasse + 2 c. à thé) de **riz basmati**

Huile de friture

FARCE

1 gousse d'**ail**

1 petit morceau de **gingembre**

3 **carottes**

1 **poivron**

15 ml (1 c. à soupe) d'**huile d'olive** extra vierge

Sel de céleri

250 ml (1 tasse) de **petits pois**

60 ml (1/4 tasse) de **sauce soya**

150 g de **tofu**

SAUCE

2 tranches d'**ananas** en dés

60 ml (1/4 tasse) de **sucre**

90 ml (6 c. à soupe) de **sauce tomate**

120 ml (8 c. à soupe) de **vinaigre de cidre**

2 verres d'**eau**

Sel, poivre

30 ml (2 c. à soupe) de **fécule de maïs**

Méthode

1. Réhydrater les feuilles de papier de riz, placer sur chacune d'elles un peu de farce au tofu et les rouler en cylindres de manière à confectionner des nems.
2. Faire cuire le riz selon les instructions du fabricant et frire les nems à la grande friture pendant 2 ou 3 minutes.
3. Servir les nems avec le riz, nappés de sauce aigre-douce.

Préparation de la farce

1. Éplucher et broyer l'ail dans un mortier.
2. Hacher le gingembre.
3. Émincer les carottes en petits bâtonnets.
4. Couper le poivron en petits dés après l'avoir ouvert et épépiné.
5. Dans une poêle nappée d'huile chaude, faire frire l'ail et le gingembre quelques instants.
6. Ajouter les carottes, le poivron, le sel de céleri et les pois.
7. Mouiller avec un peu de sauce soya, poivrer et laisser cuire quelques instants.
8. Prélever un tiers de la préparation dans un bol et y ajouter le tofu écrasé.

Préparation de la sauce

1. Couper les tranches d'ananas en dés.
2. Ajouter au reste des légumes les dés d'ananas, le sucre, la sauce tomate, le vinaigre, la sauce soya, l'eau et les épices.
3. Porter à ébullition, laisser cuire quelques instants puis lier avec la fécule préalablement mélangée à un peu d'eau.

Œufs

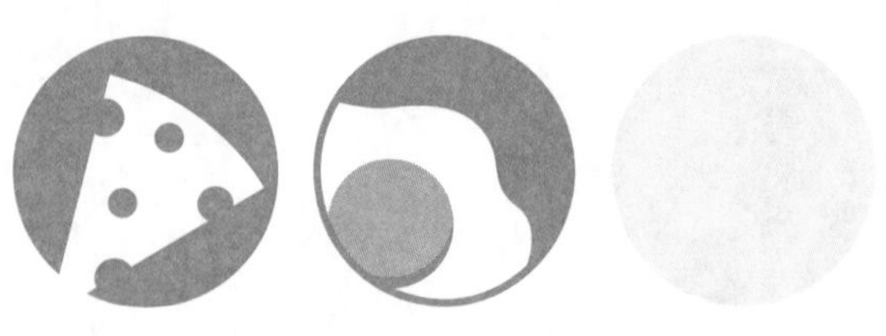

pour **4** personnes

Gratin de bette à carde aux œufs

Voir photo à la page 220

Ingrédients

Plusieurs feuilles **de bette à carde**

125 ml (½ tasse) d'**épinards**

2 à 3 **échalotes**

½ **piment**

4 ou 5 **œufs**

250 ml (1 tasse) de **lait**

125 ml (½ tasse) de **cheddar** râpé

Herbes fraîches (marjolaine, persil)

1 gousse d'**ail**

5 ml (1 c. à thé) de **graines de sésame** moulues

Méthode

1. Préchauffer le four à environ 400 °F (200 °C).
2. Éplucher l'ail, hacher finement la bette à carde, les épinards, les échalotes, l'ail et le piment.
3. Dans un grand bol, battre les œufs, ajouter le lait et le fromage râpé et bien mélanger."
4. Faire revenir les légumes dans un peu d'huile et puis couvrir du mélange œuf, lait, fromage.
5. Ajouter les herbes et le sésame moulu puis laisser mijoter à feu doux.
6. Disposer dans un plat pour faire gratiner la préparation.

Note : On peut accompagner ce plat d'une salade de tomates et de concombres aromatisée d'huile d'olive, de vinaigre balsamique, de sel et de poivre.

pour **2** personnes

Mesclun d'omelette aux herbes

Ingrédients

3 **œufs**

30 ml (2 c. à soupe) de **crème fraîche**

Ciboulette fraîche

Basilic frais

Sel, **poivre**

Sauce de son choix à base de vinaigre

Mesclun

Méthode

1. Battre les œufs dans un bol, ajouter la crème fraîche et les herbes hachées.
2. Saler, poivrer et battre encore pour bien mélanger.
3. Verser dans une poêle chaude et cuire à feu moyen. L'omelette doit rester crémeuse sur le dessus.
4. Démouler sur une planche. Laisser refroidir, couper l'omelette en lanières.
5. Dans un saladier, verser la vinaigrette, saler, poivrer, verser le mesclun et mélanger.
6. Répartir la salade dans les assiettes, ajouter les lanières d'omelette.

pour 4 personnes

Œufs pochés à la crème citronnée

Ingrédients

90 ml (6 c. à soupe) de **vinaigre blanc**

4 **œufs**

80 g d'**œufs de saumon** (ou de **caviar**)

Crème

1 **demi-citron**

250 ml (1 tasse) de **crème fraîche** épaisse

Sel, **poivre**

Méthode

1. Dans une casserole contenant 2 litres d'eau, verser le vinaigre blanc.
2. Porter à la limite de l'ébullition.
3. Lorsque l'eau est frémissante, casser un œuf dans une tasse et le faire glisser dans l'eau.
4. Compter 3 à 4 minutes de cuisson.
5. L'égoutter avec une écumoire et le poser sur un torchon plié.
6. L'ébarber. Faire cuire les autres œufs de la même façon.
7. Disposer les œufs pochés dans un grand plat, les napper de crème citronnée et donner un tour de moulin à poivre.
8. Ajouter les œufs de saumon bien froids en garniture et servir aussitôt, avec du pain de mie grillé ou des blinis chauds.

Préparation de la crème

1. Presser le demi-citron et filtrer le jus pour éliminer les pépins.
2. Verser la crème fraîche dans une petite casserole, saler modérément et poivrer davantage, ajouter une bonne cuillerée à soupe de jus de citron et mélanger.
3. Porter à ébullition, puis baisser le feu et laisser réduire jusqu'à consistance bien onctueuse.

pour **4** personnes

Œufs pochés aux épinards

Ingrédients

30 ml (2 c. à soupe) de **beurre**

30 ml (2 c. à soupe) de **farine**

375 ml (1 ½ tasse) de **lait**

4 **œufs** frais

4 L (16 tasses) d'**épinards** frais

Sel, poivre

15 ml (1 c. à soupe) de **beurre**

125 ml (½ tasse) de **fromage** râpé

Méthode

1. Préchauffer le four à 400 °F (200 °C).
2. Préparer une béchamel avec le beurre, la farine et le lait.
3. Faire pocher les oeufs (voir la méthode à la p. 242) et les laisser égoutter sur une serviette.
4. Faire cuire les épinards dans une casserole puis les égoutter à leur tour. Saupoudrer de sel et poivre et ajouter le beurre.
5. Étendre les épinards dans le fond d'un plat allant au four.
6. Disposer les œufs pochés sur les épinards et les recouvrir avec la sauce blanche.
7. Saupoudrer le tout de fromage râpé. Faire cuire au four pendant 8 minutes environ.

pour **4** personnes

Œufs brouillés à la semoule

Ingrédients

45 ml (3 c. à soupe) d'**huile**

1 **oignon** émincé

1 **poivron vert** haché

1 conserve de 360 ml (1 ⅜ tasse + 2 c. à thé) de **tomates** broyées

340 ml (1 ⅜ tasse) de **semoule**

4 **œufs**

30 ml (2 c. à soupe) de **persil** frais haché

Sel, poivre

30 ml (2 c. à soupe) de **raisins secs**

Méthode

1. Dans une poêle, faire revenir l'oignon et le poivron jusqu'à ce qu'ils soient bien dorés.
2. Ajouter les tomates broyées dans la poêle et faire cuire pendant 5 minutes.
3. Faire bouillir une grande casserole d'eau salée.
4. Faire cuire la semoule dans de l'eau bouillante.
5. Bien égoutter la semoule et la disposer en couronne dans un plat de service.
6. Battre les œufs dans un bol.
7. Dans la poêle, ajouter les œufs, le persil et le poivre. Bien mélanger. Faire cuire jusqu'à ce que les œufs aient pris.
8. Décorer de raisins secs.
9. Mettre le mélange d'œufs et de légumes au centre de la couronne.

pour **4** personnes

Omelette chinoise

Ingrédients

5 **champignons de Paris**

½ paquet de **vermicelles de riz**

1 **oignon**

250 g de **féta**

Œufs

30 ml (2 c. à soupe) d'**huile d'olive** extra vierge

8 brins de **coriandre**

30 ml (2 c. à soupe) de **nuoc-mâm**

1 gousse d'**ail**

Méthode

1. Mettre les vermicelles à tremper une dizaine de minutes dans un bol d'eau chaude.
2. Égoutter.
3. Éplucher et hacher finement l'oignon.
4. Faire rissoler brièvement le féta dans une poêle nappée d'un peu d'huile chaude. Réserver.
5. Hacher grossièrement les champignons, les faire sauter 2 minutes dans une poêle nappée d'un peu d'huile chaude, en les retournant sans arrêt. Les mélanger aux vermicelles et ajouter la coriandre et l'oignon.
6. Dans un autre récipient, battre les œufs en omelette.
7. Ajouter à l'omelette les champignons, les vermicelles, l'oignon, le féta, le nuoc-mâm et mélanger le tout.
8. Faire cuire cette préparation dans une poêle à blinis, de manière à obtenir de petites omelettes. La cuisson ne doit pas durer plus de 3 minutes d'un côté comme de l'autre.

NOTE : On pourra ajouter au nuoc-mâm la gousse d'ail écrasée.

pour **2** personnes

Omelette forestière

Ingrédients

1 **oignon**

1 ⅓-1 ⅔ L (5 ⅓-6 ⅔ tasses) de **champignons**

20-25 ml (1 ½ c. à soupe) d'**huile d'olive** extra vierge

Sel, poivre

5 **œufs**

50 ml (3 c. à soupe) de **lait**

Ciboulette ou **persil** frais

Méthode

1. Éplucher et couper l'oignon en fines rondelles.
2. Couper les champignons en grosses lanières.
3. Faire revenir les champignons et les oignons à la poêle dans de l'huile chaude.
4. Jeter le jus de cuisson, saler, poivrer et garder les légumes au chaud.
5. Dans un bol, battre les œufs pour préparer une omelette, verser le lait par-dessus les œufs, ajouter le poivre et les fines herbes.
6. Verser la préparation dans une poêle nappée d'huile chaude, faire cuire en ramenant les bords de l'omelette vers le milieu. L'omelette devrait être baveuse.
7. La disposer dans un plat chaud, jeter les champignons cuits par-dessus, refermer l'omelette.

Note : Il est possible d'épicer l'omelette avec d'autres ingrédients (paprika, cumin, etc.)

pour **4** personnes

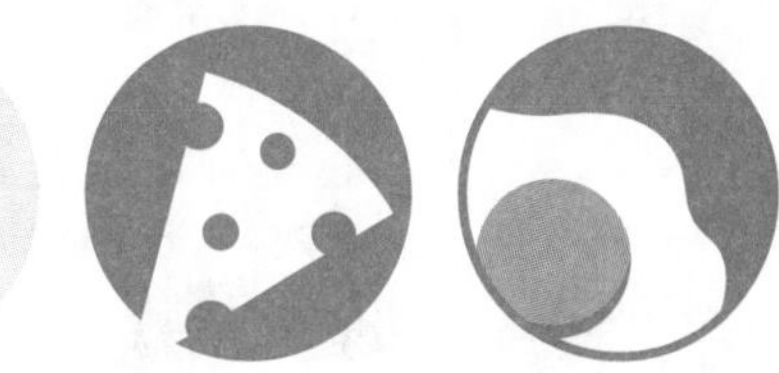

Tians de poireaux et patates douces

Ingrédients

790 ml (3 ⅛ tasses) de **patates douces**

2 **blancs de poireaux**

50 ml (3 c. à soupe) de **beurre**

5 ml (1 c. à thé) d'**huile d'olive** extra vierge

1 gousse d'**ail** pilé

250 g de **féta**

4 **œufs**

200 ml (⅞ tasse) de **crème fraîche**

Sel, **poivre**

Méthode

1. Préchauffer le four à 350 °F (180 °C).
2. Éplucher les patates douces et les couper en petits dés. Les faire cuire à l'eau. Les égoutter.
3. Émincer finement les poireaux puis les faire rissoler à la poêle dans du beurre et de l'huile pendant une dizaine de minutes à feu modéré.
4. Ajouter l'ail pilé et laisser cuire 1 minute de plus.
5. Éteindre le feu et rajouter les patates douces et le féta émietté aux poireaux. Répartir le mélange dans des petits moules à muffins.
6. Battre les œufs avec la crème fraîche. Saler et poivrer.
7. Répartir la crème battue dans les moules par-dessus le mélange de légumes. Enfourner et faire cuire pendant 35 à 40 minutes.
8. Sortir du four et laisser tiédir avant de démouler.

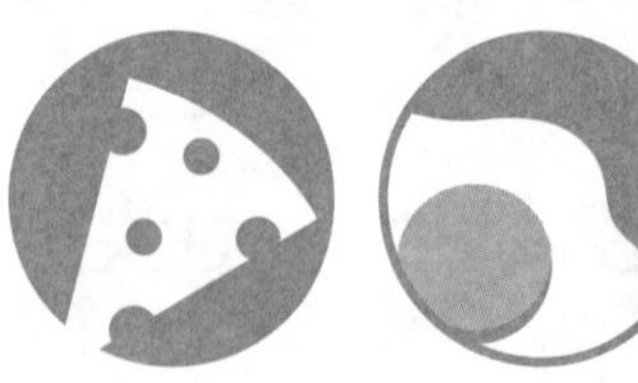

pour **4** personnes

Topinambours au fromage

Ingrédients

1 ¼ L (5 tasses) de **topinambours**

60 ml (¼ tasse) de **jus de citron**

30 ml (2 c. à soupe) de **crème fraîche** épaisse

2 **œufs**

2 ml (½ c. à thé) de **muscade**

200 ml (⅞ tasse) de **gruyère** râpé

Méthode

1. Préchauffer le four à 400 °F (200 °C).
2. Peler les topinambours puis les plonger dans une casserole d'eau salée.
3. Ajouter le jus de citron puis porter à ébullition.
4. Aux premiers frémissements, baisser le feu et laisser cuire pendant une dizaine de minutes à feu doux.
5. Égoutter les topinambours.
6. Les transférer dans un plat allant au four.
7. Dans un bol, battre la crème fraîche avec les œufs, la muscade et un peu de gruyère râpé.
8. Verser cette préparation sur les topinambours, saupoudrer de gruyère râpé.
9. Mettre au four pendant une demi-heure environ jusqu'à ce que le fromage soit bien doré.

Note

Note

Index alphabétique des recettes

Note

Note

Note